Korkstoff-Galerie

Coluna	Marmoriert	Dunkelbraun	Weiß
Straw	Kroko Braun	Lineas	Mosaik
Bosque	Streifen	Azur	Natural
Temporal	Natur mit Gold	Granulat Hell-Bunt	Granulat Hell-Braun

Inhalt

- 5 Korkstoff-Galerie
- 8 Verarbeitung
- 10 Workshop: Nähen mit Korkstoff
- 12 Color-Blocking
  KOSMETIKTASCHE und DREIECKSMÄPPCHEN
- 16 Toller Stoffreste-Verstecker
  BODENKISSEN
- 19 Seemannsknoten
  ARMBAND und HALSKETTE
- 22 Im Farbverlauf
  TEPPICH
- 24 Schick geschultert
  RUCKSACK
- 28 In Feierlaune
  GIRLANDE "HURRA"
- 30 Mit Wow-Effekt!
  TISCHLEUCHTE
- 32 Money, money, money
  GELDBEUTEL
- 34 Sing Schuh-bidu!
  ESPADRILLES
- 36 Angebandelt
  TRAUMFÄNGER
- 38 Fashion-Flirt
  CLUTCH
- 41 Mr. Postman
  POSTKARTEN und BRIEFUMSCHLAG

44 Kork to go GETRÄNKEHALTER	60 Trendy hoch zwei TOPFHUSSEN
46 Kork Time HANDY- und TABLETHÜLLE	62 Korky Love TÄSCHCHEN und HANDYHÜLLE
50 Light me up! PLISSIERTE HÄNGELEUCHTE	66 Von der Rolle STIFTEROLLE
52 Flechtwerk SANDALEN	69 Take it easy! EINKAUFSTASCHE
54 Blaues Wunder UTENSILO MIT FÄCHERN	72 Runde Sache TÄSCHCHEN FÜR KOPFHÖRER
56 Farbenfroh STIFTE- und VISITENKARTENTÄSCHCHEN	74 Drunter und Drüber GEFLOCHTENES KÖRBCHEN
58 Für Party-Mäuse WIMPELKETTEN	78 Impressum

Verarbeitung

Schnittmuster anfertigen

Zum Anfertigen von Schnittmustern die Schnittteile vom Bogen kopieren oder abpausen, dabei alle Markierungen übertragen und entlang der Außenkontur ausschneiden. Bei Schnittteilen mit eingezeichnetem Stoffbruch jeweils ein ausreichend großes Stück Schnittmusterpapier zur Hälfte falten. Das Papier mit dem Falz an die eingezeichnete Mitte legen (= Strich-Punkt-Linie), die Konturen und Markierungen übertragen und das Schnittmuster ausschneiden, dabei das Papier gefaltet lassen.
Zum Anfertigen von Schnittmustern anhand der Schemazeichnungen, die exakten Maße wie angegeben in Originalgröße (Angaben in cm) auf einen ausreichend großen Papierbogen zeichnen.
Übertragen Sie auch hier alle Markierungen. In allen Schnittmustern und Schnittmaßen sind bereits die Nahtzugaben enthalten. Sofern in der Anleitung nicht anders angegeben, sind es 7 mm (= füßchenbreit).

Zuschneiden

Für den Zuschnitt können Sie eine scharfe Stoffschere verwenden. Besser schneiden Sie Korkstoff mit einem Rollschneider entlang eines Lineals mit gerader breiter Kante (am besten ein Patchworklineal mit Zentimeterrasterung) auf einer Schneidematte. Sie erhalten hiermit perfekte gerade Kanten, die eine saubere Optik erzielen, wenn Sie die Schnittkanten offen verarbeiten. Kurze Strecken, Aus- oder Einschnitte schneiden Sie am besten mit einer kleinen, aber sehr scharfen Schere.

Hinweis: Korkstoff ist sowohl als Meterware in verschiedenen Breiten als auch in Zuschnitten erhältlich. Für die Modelle im Buch wurde meist Korkstoff verarbeitet, der ca. 1,40 m breit liegt. Es empfiehlt sich, die Stücke stets etwas größer zu kaufen, um Ungenauigkeiten beim Zuschnitt auszugleichen.

Nähen

Korkstoffe können mit handelsüblichen Nähmaschinen bis zu einer Stärke von ca. 5 mm (mehrere Lagen) genäht werden. Auch in Kombination mit Filz, Baumwollgewebe und Einlagen kann Korkstoff problemlos verarbeitet werden. Sie können alle Modelle mit dem Standardfuß Ihrer Maschine nähen. Ein Teflonfuß oder ein Gleitschichtfuß kann Ihnen die Arbeit etwas erleichtern.

Auch der Obertransport bietet Hilfestellung. Für schmale, enge Nähte und für das Einnähen von Reißverschlüssen ist der Reißverschlussfuß nützlich.

Am besten verwenden Sie für das Nähen mit Korkstoff eine Universalnadel Stärke 80. Die Schnittteile können Sie vor dem Nähen sowohl mit Stecknadeln – nur innerhalb der Nahtzugabe, da die Löcher sichtbar bleiben – oder besser noch mit Stoff- oder Foldbackklammern fixieren. Sie können alternativ einzelne Teile zusammen oder auch Accessoires wie Reißverschlüsse oder Bänder vor dem Nähen mit einem doppelseitigen Klebeband für Textilien auf den Korkstoff kleben.

Die Stichlänge sollten Sie nicht kürzer als 2,5 wählen, da die Nähte sonst das Material zu sehr perforieren. Zudem erzielt man beim Absteppen von rechts einen schöneren Effekt. Zur Nahtsicherung an Nahtanfang und -ende mit Vor- und Rückstichen mehrmals über dieselbe Stelle nähen.

Als Nähgarn empfiehlt sich ein hochwertiges Universalnähgarn im entsprechenden Farbton. In Bezug auf die Farbwahl gilt: Sollte der exakte Farbton nicht verfügbar sein, so wird der nächstdunklere gewählt. Für eine gut sichtbare Naht wählen Sie eine Nuance heller. Möchten Sie die Nähte als Effekt in Szene setzen, wählen Sie starke Kontrast- oder Komplementärfarben.

Bügeln

Korkstoff ist ein Naturmaterial, das am besten nur mit Fingerdruck „gebügelt" wird. Das heißt, es wird eine Kante gefaltet, auf einen festen Untergrund gelegt und mit Daumendruck fixiert. Sollte doch einmal ein Bügeleisen vonnöten sein, machen Sie zuerst einen Test an einem Korkrest. Die Temperatur auf Stufe 2 stellen und vorsichtig mit leichtem Druck bügeln. Am besten vor dem Bügeln ein (feuchtes) Baumwolltuch auflegen.

Grundmaterial

Folgende Grundmaterialien werden benötigt und sind in den Anleitungen nicht noch einmal gesondert aufgeführt:
- Nähmaschine inkl. Zubehör
- Nähgarn
- Nähnadeln
- Stecknadeln
- Stoff- oder Foldbackklammern
- kleine Stickschere
- Schnittmusterpapier und Stift
- Schneiderkreide oder Markierstifte
- Stoffschere
- Maßband
- Schneidematte
- Patchworklineal
- Rollschneider
- Werkzeug zur Anbringung von Druckknöpfen oder Klammern (Zange o.Ä.)

Workshop: Nähen mit Korkstoff

Ecken und Kanten

Nähen Sie an den Ecken nur bis zum Ende der Nahtlinie und nicht in die Nahtzugabe. Die Nadel im Material lassen, das Nähmaschinenfüßchen heben, das Teil drehen, das Füßchen wieder absenken und weiternähen.

Verstürzte Naht: Gerade Kante

Vor dem Wenden von eckigen Formen die Nahtzugaben an den Ecken bis ca. 1–2 mm vor die Naht (nicht weiter!) schräg zurückschneiden.

Verstürzte Naht: Rundungen

An Rundungen die Nahtzugaben in kleinen Abständen bis ca. 1 mm vor die Naht einschneiden bzw. aus der Nahtzugabe kleine Dreiecke ausschneiden.

Seitenstreifen ansetzen

Am Eckpunkt die Nahtzugabe des Seitenstreifens bis zur Naht einschneiden. Dann den Stoff für die nächste Naht wieder gerade unter die Maschine legen.

Reißverschluss

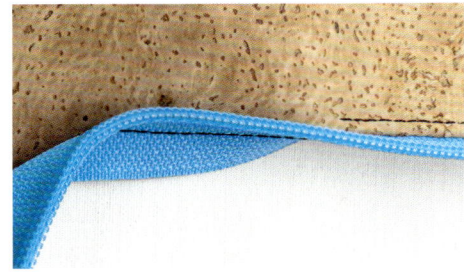

Verstürzt eingenähter Reißverschluss:
Das Reißverschlussband rechts auf rechts auf den Korkstoff legen. Das Reißverschlussband ist bündig zur Schnittkante. Nähen Sie den Reißverschluss mithilfe des Reißverschlussfußes dicht neben den Zähnchen auf dem Band auf. Evtl. von rechts noch schmal absteppen.

Untergenähter Reißverschluss:
Das Reißverschlussband rechts auf links unter den Korkstoff legen, die Zähne liegen ca. 2–3 mm neben der Korkstoffkante. Nähen Sie den Reißverschluss mit ca. 1–2 mm Abstand zur Schnittkante fest.

Zipper aufziehen

Die Bandenden verschmelzen. Den Zipper mit der breiten Seite auf die Zähne eines Bandes aufziehen, das zweite Band um ein paar Millimeter anschneiden, einfädeln und den Reißverschluss zuziehen. Dabei darauf achten, dass die Materialkanten in gleicher Höhe aufeinandertreffen.

Druckknöpfe

Die Knopfposition auf den Stoffteilen markieren. Auf eine Stoffseite ein „männliches" Knopfteil mit Gegenstück und auf die andere Stoffseite ein „weibliches" Knopfteil mit Gegenstück platzieren. Mithilfe einer speziellen Zange oder mit dem beigefügten Werkzeug die Knopfteile in den Korkstoff drücken.

Gurtband und Schlaufen

Eine Schnittkante 1 cm breit nach links einschlagen oder das Band doppelt legen, sodass die Bandenden an der Unterseite aneinanderstoßen. M t durchkreuztem Quadrat aufsteppen.

Verstellbare Gurte

Das Gurtende um den Mittelsteg des Verstellers legen und festnähen. Das andere Ende durch die Schlaufe und zurück durch den Versteller ziehen.

Kellerfalten

Bei einer Kellerfalte liegen die oberen Stoffbrüche genau über der Faltenmitte. Sie können entweder eingebügelt, abgesteppt oder mit ein paar Stichen auf der Nahtzugabe fixiert werden

Langettenstich

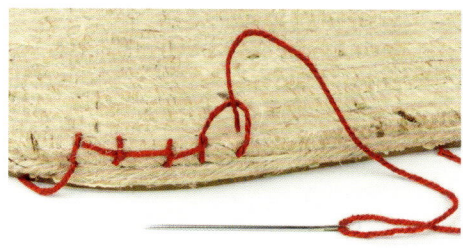

Die Nadel von unten nach oben stechen, so wird der Anfangsknoten versteckt. Noch einmal an derselben Stelle ein- und ausstechen, dann weiter jeweils im Abstand von 0,5 cm von unten nach oben stechen. Die Nadel durch die sich bildende Schlinge nach außen führen. Faden anziehen. Damit die Verschlingungen gleichmäßig an der Kante liegen, den Stichabstand einhalten.

Color-Blocking

KOSMETIKTASCHE

Größe: 24 x 19 cm • Schnittteile 1A–E auf Bogen A

Material
- 20 x 60 cm Korkstoff Coluna
- 20 x 90 cm gemusterter Baumwollstoff
- 60 x 15 cm Vlieseline H 250
- 1 Reißverschluss in Pink, Meterware, 35 cm
- 1 Zipper in Pink
- Nähgarn, passend zum Kork oder passend zum pinken Reißverschluss als Kontrastfarbe

Zuschneiden
Aus Korkstoff:
2 x Schnittteil 1A (Seitenteil oben)
1 x Schnittteil 1C (Boden im Stoffbruch)
1 x Schnittteil 1E (Henkel)
Aus Baumwollstoff:
2 x Schnittteil 1B (Seitenteil unten)
2 x Schnittteil 1D (Innen)
Aus Vlieseline H250:
2 x Schnittteil 1B (Seitenteil unten)

Vorbereitung
Die Vlieseline laut Herstellerangaben auf die linke Seite der Stoffteile 1B bügeln.

So wird's gemacht

Lange Kante von Teil 1A rechts auf rechts an obere Kante von Teil 1B nähen. Nahtzugabe in Teil 1A legen, eventuell vorsichtig bügeln oder mit dem Daumen fest andrücken und von rechts knappkantig absteppen.

Eine Kante von Teil 1C rechts auf rechts an die andere Kante von Teil 1B nähen und wie oben beschrieben absteppen.

Eine Seite des Reißverschlussbands rechts auf rechts bündig an die kurze Kante von Teil 1A legen, Teil 1D mit der rechten Seite darauf legen, dabei zeigen die Zähnchen nach innen (siehe Workshop). Die drei Lagen laut Reißverschlussmarkierung zusammennähen, dazu am besten den Reißverschlussfuß der Nähmaschine einsetzen. (Der Reißverschluss ist zwar länger als die Tasche, wird aber nur bis zu den Markierungen gesteppt.)

Taschenteile auf rechts wenden und die Kanten vorsichtig ausbügeln. Nach Wunsch den Umbruch am Reißverschluss schmalkantig nur zwischen den Markierungen absteppen.

Zweites Reißverschlussband zwischen die entsprechenden Teile wie oben beschrieben einnähen. Zipper einfädeln und Reißverschluss bis zur Mitte öffnen.

Die zwei Außenseiten rechts auf rechts übereinanderlegen und mit Klammern fixieren. Die Reißverschlussenden liegen innen. Die seitlichen Kanten zusammennähen, dabei so dicht wie möglich an der oberen Kante beginnen.

Für den Boden die beiden offenen kurzen Kanten rechts auf rechts genau aufeinander legen und zusammennähen. Nahtzugaben auseinander drücken.

Seiten- und Bodennähte bei Teil 1D ebenso schließen, dabei seitlich eine etwa 10 cm lange Wendeöffnung lassen.
Die entstandenen Kanten am Boden knappkantig absteppen.

Die Tasche durch die Wendeöffnung auf rechts wenden. Der Reißverschluss stülpt sich automatisch heraus. Eventuelle Lücke zwischen Reißverschluss und Tasche mit ein paar Handstichen zunähen.

Längskanten von Teil 1E links auf links nach innen legen, bis sie so breit sind wie der Reißverschluss. Rechts und links knappkantig absteppen.

Eventuell den Reißverschluss kürzen. Teil 1E mit den kurzen Kanten um ein Reißverschlussende legen und im Rechteck absteppen (siehe Foto). Auf der anderen Seite den Reißverschluss öffnen und die zwei Enden zu einem Herz formen. Mit einem engen Zickzackstich die Enden fixieren.

DREIECKSMÄPPCHEN

Größe: 21 x 9 cm   •   Schnittteile 2A-F auf Bogen A

Material
- 20 x 70 cm Korkstoff Coluna
- 25 x 70 cm gemusterter Baumwollstoff
- 6,5 x 55 cm Vlieseline H 250
- 1 Reißverschluss in Pink, Meterware, 35 cm
- 1 Zipper in Pink

Zuschneiden
Aus Korkstoff:
2 x Schnittteil 2A (Seitenteil oben)
2 x Schnittteil 2D (Seite dreieckig)
1 x Schnittteil 2C (Boden)
1 x Schnittteil 2F (Henkel)

Aus Baumwollstoff:
2 x Schnittteil 2B (Seitenteil unten)
2 x Schnittteil 2E (Innen)
2 x Schnittteil 2D (Seite dreieckig)
Aus Vlieseline:
2 x Schnittteil 2B (Seitenteil unten)

Vorbereitung
Die Vlieseline laut Herstellerangaben auf die linke Seite der Stoffteile 2B bügeln.

So wird's gemacht

Untere Kante von Teil 2A rechts auf rechts an die obere Kante von Teil 2B nähen. Nahtzugabe in Teil 2A legen, evtl. vorsichtig bügeln oder mit dem Daumen fest andrücken und von rechts knappkantig absteppen.

Eine Kante von Teil 2C rechts auf rechts an die andere Kante von Teil B nähen und wie oben beschrieben absteppen.

Eine Seite des Reißverschlussbands rechts auf rechts bündig an die kurze Kante von Teil 2A legen, Teil 2E mit der rechten Seite darauf legen, dabei zeigen die Zähnchen nach innen (siehe Workshop). Die drei Lagen laut Reißverschlussmarkierung zusammennähen, dazu am besten den Reißverschlussfuß der Nähmaschine einsetzen. (Der Reißverschluss ist zwar länger als die Tasche, wird aber nur bis zu den Markierungen gesteppt.)

Taschenteile auf rechts wenden und die Kanten vorsichtig ausbügeln. Nach Wunsch den Umbruch am Reißverschluss schmalkantig nur zwischen den Markierungen absteppen.

Zweites Reißverschlussband zwischen die entsprechenden Teile wie oben beschrieben einnähen. Zipper einfädeln und Reißverschluss bis zur Mitte öffnen.

Untere Naht von Teil 2E nähen, dabei eine ca. 10 cm lange Wendeöffnung lassen.

Teile 2D aus Korkstoff rechts auf rechts an Teil 2C aus Korkstoff nähen, dabei trifft Knips auf Knips. Teile 2D aus Stoff rechts auf rechts an Teil E nähen, dabei trifft Knips auf Bodennaht.

Seitennähte der Teile 2D und Teile 2A/2B bzw. Teile 2D und Teile 2E rechts auf rechts zusammennähen, dabei geht die Seitennaht oberhalb der Dreiecke in eine gerade Naht über und führt bis knapp an den Reißverschluss. Die Dreiecke ringsherum absteppen.

Die Tasche durch die Wendeöffnung auf rechts wenden. Der Reißverschluss stülpt sich automatisch heraus.

Eventuelle Lücke zwischen Reißverschluss und Tasche mit ein paar Handstichen zunähen.

Längskanten von Teil 2F links auf links nach innen legen, bis sie so breit sind wie der Reißverschluss. Rechts und links knappkantig absteppen.

Eventuell den Reißverschluss kürzen. Teil 2F mit den kurzen Kanten um ein Reißverschlussende legen und im Rechteck absteppen (siehe Foto). Auf der anderen Seite den Reißverschluss öffnen und die zwei Enden zu einem Herz formen. Mit einem engen Zickzackstich die Enden fixieren.

Toller Stoffreste-Verstecker

BODENKISSEN
Größe: 48 x 20 cm • Schnittteile 3A-D auf Bogen C

Material
für Kissen gelb:
- 60 x 80 cm Korkstoff Marmomiert
- 70 x 140 cm gemusterter Baumwollstoff
- 100 x 80 cm Vlieseline H250
- 300 cm Kordel, ø 6 mm
- Füllwatte, Stoffreste, Styroporkügelchen und/oder Getreide
- Nadel und Faden

für Kissen rosa/blau:
- 65 x 140 cm Korkstoff Coluna
- 60 x 80 cm gemusterter Baumwollstoff
- 60 x 80 cm Vlieseline H250
- 300 cm Kordel ø 6 mm
- Füllwatte, Stoffreste, Styroporkügelchen und/oder Getreide
- Nadel und Faden

Zuschneiden (Kissen gelb)
Aus Korkstoff:
1 x Schnittteil 3A (Grundform Kreis) im Stoffbruch
1 x Schnittteil 3C (Griff) im Stoffbruch
2 x Schnittteil 3D (Paspel)

Aus Baumwollstoff:
1 x Schnittteil 3A (Grundform Kreis) im Stoffbruch
1 x Schnitteil 3B (Seitenrand) im Stoffbruch
2 x Schnittteil 3D (Paspel)

Aus Vlieseline:
1 x Schnittteil 3A (Grundform Kreis) im Stoffbruch
2 x Schnittteil 3B (Seitenrand) ohne Stoffbruch
2 x Schnittteil 3D (Paspel)

Zuschneiden (Kissen rosa/blau)
Aus Korkstoff Coluna:
1 x Schnittteil 3A (Grundform Kreis) im Stoffbruch
1 x Schnittteil 3B (Seitenrand) im Stoffbruch

Aus Baumwollstoff:
1 x Schnittteil 3A (Grundform Kreis) im Stoffbruch
1 x Schnittteil 3C (Seitenrand) im Stoffbruch
4 x Schnittteil 3D (Paspel)

Aus Vlieseline:
1 x Schnittteil A (Grundform Kreis) im Stoffbruch
1 x Schnittteil 3C (Griff) im Stoffbruch
4 x Schnittteil 3D (Paspel)

Vorbereitung
Alle Vlieseline-Teile auf die entsprechenden Baumwollstoffteile nach Herstellerangaben aufbügeln. Für Kissen gelb an Teil 3B die zwei Vlieseline-Stücke nebeneinander aufbügeln.

So wird's gemacht

Für die Paspel je zwei Teile 3D rechts auf rechts an der kurzen Kante zusammennähen. Die Nahtzugaben auseinanderbügeln. Die Kordel in 150 cm lange Stücke teilen und mittig zwischen Teil 3D legen. Die langen Kanten links auf links legen und fixieren. Mit einem Paspelfuß oder schmalen Nähfuß knapp an der Kordel entlang steppen. Auf diese Weise alle Paspeln fertigen.

Den Seitenrand (Teil 3B) rechts auf rechts legen und an den kurzen Kanten zusammennähen, Nahtzugaben auseinanderbügeln.

Den Griff (Teil 3C) rechts auf rechts legen und an der kurzen Kante zusammennähen, Nahtzugaben auseinanderbügeln und wenden. Über die Naht von Teil 3B legen, mit Clips fixieren und knappkantig oben und unten feststeppen.

Die Teile 3A mit den Paspelbändern ausstatten: Dafür die flache Kante bündig auf die Kreiskante legen und die Paspel der Rundung entlang ringsherum legen und fixieren. Darauf achten, dass der Anfang in der Nahtzugabe liegt und dass die Kordel innen liegt. Die Paspel eng an der Kordel entlang ansteppen. Das zweite Ende wird mit dem ersten überkreuzt und führt ebenfalls nach außen.

Die zweite Paspel an den zweiten Kreis nähen.

Seitenteil und einen Kreis aufeinander fixieren, dabei treffen die Knipse aufeinander, und zusammennähen. Den zweiten Kreis ebenso an das Seitenteil nähen, dabei eine 15–20 cm große Wende- und Füllöffnung lassen. Das Sitzkissen auf rechts wenden.

Das Kissen durch die Füllöffnung gleichmäßig füllen bis es prall ist. Die Füllung von der Öffnung etwas wegschieben. Die Nahtzugaben nach innen falten und mit Stoffklammern fixieren. Von Hand mit dem Leiterstich die Öffnung schließen.

Leiterstich oder Matzratzenstich:

Von innen nach außen durch eine Einschlagkante einstechen, Faden anziehen, in die gegenüberliegende Einschlagkante von innen nach außen einstechen, Faden anziehen. Das Ein- und Ausstechen verläuft von rechts nach links ohne Rückstiche. Die Naht verschließt sich zusehends unsichtbar. Am Ende Faden gut vernähen.

Seemannsknoten

ARMBAND

Größe: Umfang ca. 22 cm, 1 Knoten 2,5 x 4 cm

Material

- 1 Gummikordel in Gelb, ø 3 mm, ca. 70 cm lang
- 1 Korkband in Haselnuss, ø 3 mm, ca. 70 cm lang
- 1 Edelstahl-Druckschließe, 30 x 4 mm
- Schmuckkleber

So wird's gemacht

Die Kordel und das Korkband übereinander legen. Etwas mittig einen Knoten fertigen. Eine Schlaufe bilden, die wie eine Brezel aussieht (Abb. 2), die Enden darüber führen und einweben (Abb. 3) ohne die Bänder zu verdehen.

Die Schlaufen zusammenziehen und in Form rücken. Gleich dahinter noch einen Knoten fertigen (Abb. 4).

Das Handgelenk abmessen und die Enden entsprechend lang abschneiden, dabei die Verschlussbreite mit einrechnen.

Die Gummikordelenden vorsichtig mit einer Kerze anschmelzen, in die Verschlussöffnungen einen Tropfen Kleber geben und die Kordelenden hineinstecken. Über Nacht trocknen lassen.

HALSKETTE

Größe: Umfang ca. 57 cm, Knotengebilde 13 x 8 cm

Material
- 2 x Gummikordel in Lila, ø 3 mm, ca. 150 cm lang
- 2 x Korkband in Natur, ø 3 mm, ca. 150 cm lang
- 1 Magnetschließe, glatt, 2-teilig, 33 mm
- Schmuckkleber

So wird's gemacht

Die Kordel und das Korkband übereinander legen. Etwas mittig einen Knoten fertigen. Eine Schlaufe bilden, die wie eine Brezel aussieht (Abb. 2 „Armband"), die Enden darüber führen und einweben (Abb. 3 „Armband") ohne die Bänder zu verdrehen.

Die Schlaufen zusammenziehen und in Form rücken. Gleich dahinter noch zwei Knoten fertigen.

Für die zweite Reihe eine kürzere Schnur, ca. 90 cm hernehmen. Die erste Schlaufe durch die untere Schlaufe des zweiten Knotens stecken und im Knoten verankern, (Abb. 1). Die zweite Schlaufe durch die untere Schlaufe des ersten Knotens führen (Abb. 2) und fertig binden wie oben beschrieben.

Den zweiten Knoten zuerst durch die untere Schlaufe des dritten Knotens und dann durch die untere Schlaufe des zweiten Knotens stecken (Abb. 3). So entsteht ein festes Gewebe.

Bei der dritten Knotenreihe nur noch einen Knoten fertigen. Dieser wird in die unteren Schlaufen von Knoten 2 und 1 der zweiten Reihe eingesteckt. Die Knoten sollten mittig auf den Kordeln liegen. Die Kordelenden nach oben verweben (Abb. 4).

Je eine Gummi- und eine Korkkordel bündeln und locker bis zu den Enden flechten.

Die Kettenlänge abmessen und die Enden entsprechend lang abschneiden, dabei die Verschlussbreite mit einrechnen.

Die Gummikordelenden vorsichtig mit einer Kerze anschmelzen. In die Verschlussöffnungen einen Tropfen Kleber geben und die Kordelenden nebeneinander liegend hineinstecken, eventuell mit einer Klammer fixieren. Über Nacht trocknen lassen.

1   2

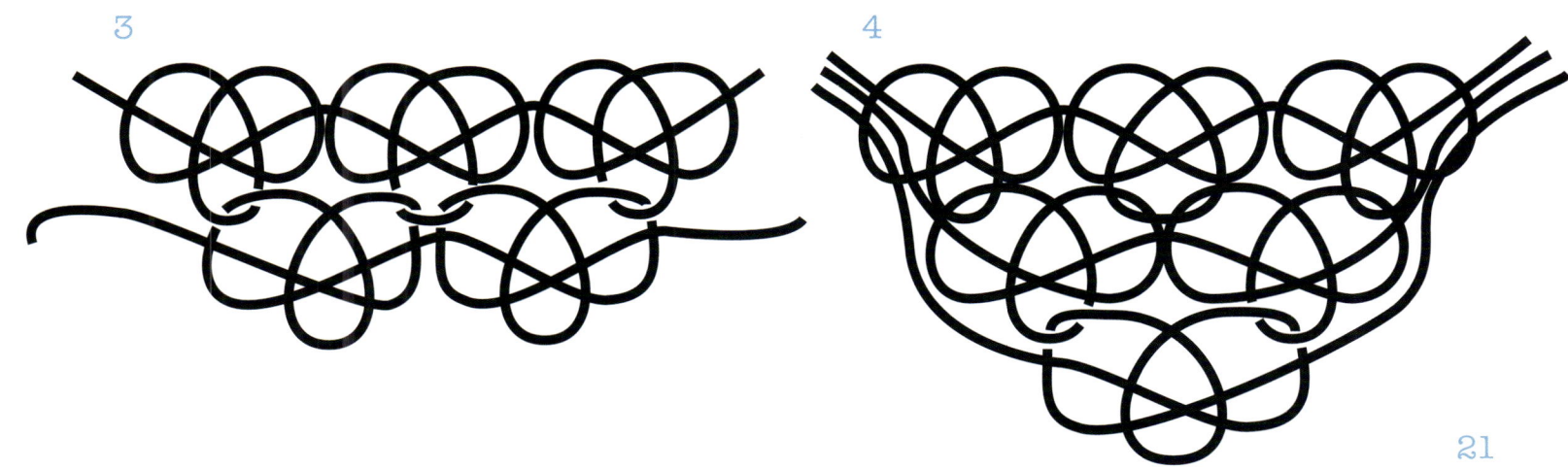

3   4

21

Im Farbverlauf

TEPPICH

Größe: 60 x 100 cm • Schnittteil 4 auf Seite 76

Material
- 50 x 33 cm Korkstoff Dunkelbraun
- 50 x 33 cm Korkstoff Bosque
- 50 x 33 cm Korkstoff Coluna
- 50 x 33 cm Korkstoff Temporal
- 50 x 22 cm Korkstoff Lineas
- Vlieseline H200 in Schwarz
- Nähgarn in Hellbraun und Dunkelbraun
- Rollschneider

Zuschneiden
jeweils Schnittteil 4:
15 x Korkstoff Dunkelbraun
12 x Korkstoff Bosque
12 x Korkstoff Coluna
11 x Korkstoff Temporal
10 x Korkstoff Lineas

Vorbereitung
Vlieseline in 2 cm breite Streifen schneiden. Die Quadrate aus Korkstoff am besten mit einem Rollschneider und einem Lineal zuschneiden.

Alle zugeschnittenen Quadrate gemäß Foto anordnen, dabei beachten, dass die Höhe von 11 cm immer senkrecht verläuft. Die Vierecke in Reihen à 6 Stück zusammennähen. Dafür einen ganz engen, großen Zickzackstich wählen. Beim dunklen Kork einen dunklen Faden verwenden, beim hellen Kork einen hellen.
Achtung: Der Kork darf nicht verzogen werden, das ergibt Unebenheiten im Teppich.

So wird's gemacht

Je einen Vlieseline-Streifen mittig unter zwei nebeneinander liegende Rechtecke legen und steppen, dabei darauf achten, dass die Kanten oben und unten bündig sind.

Um Ungleichmäßigkeiten auszugleichen, eine fertige Reihe oben und unten gerade scheiden, fertige Höhe 10 cm. Überstehende Vlieseline und Fäden abschneiden. Alle Reihen nacheinander fertigen und auf die Reihenfolge der Korkstücke achten.

Die Korkreihen längs wie oben beschrieben zusammenfügen, dabei einen langen Vlieseline-Streifen unterlegen.
Achtung: Die Korkstreifen von der Mitte her ausrichten, nicht verziehen, evtl. Ungenauigkeiten belassen. Auf eine gleichmäßige Naht achten.

TIPP
Der fertige Teppich kann mit einem Rutschschutz unterlegt oder gefüttert werden.

Schick geschultert

RUCKSACK

Größe: 34 x 40 cm geschlossen • Schnittteile 5A-H auf Bogen C und D

Material

- 60 x 95 cm Korkstoff Marmoriert
- 75 x 110 cm Baumwollstoff (Futterstoff)
- 40 x 85 cm gemusterter Baumwollstoff (Kontraststoff)
- 75 x 90 cm Vlieseline H200
- 45 x 40 cm Style-Vil
- 37 x 55 cm Decovil I
- 2 x 50 cm Gurtband, 25 mm breit
- 2 x 25 cm Gurtband, 25 mm breit
- 1 x Steckschloss, 42 x 45 mm
- 2 x Metallschieber, Stegbreite 25 mm
- 2 x Metallsteckschnalle, Stegbreite 25 mm
- Prickel oder dicke Nadel
- Hammer

Zuschneiden

Aus Korkstoff:
2 x Schnittteil 5A (Rucksack)
2 x Schnittteil 5C (Träger)

Aus Baumwollstoff (Futterstoff):
2 x Schnittteil 5A (Rucksack)
2 x Schnittteil 5B (Außentasche klein; davon 1 x gespiegelt)
1 x Schnittteil 5F (Beschlag Rücken)

Aus gemustertem Baumwollstoff:
2 x Schnittteil 5B (Außentasche groß; davon 1 x gespiegelt)
1 x Schnittteil 5H (Handgriff)

Aus Vlieseline:
2 x Schnittteil 5B (Außentasche groß; davon 1 x gespiegelt)
2 x Schnittteil 5B (Außentasche klein; davon 1 x gespiegelt)
1 x Schnittteil 5H (Handgriff)

Aus Style-Vil:
2 x Schnittteil 5D (Träger Polsterung)
1 x Schnittteil 5E (Verstärkung Rücken)

Aus Decovil I:
1 x Schnittteil 5G (Beschlag Verstärkung)

Vorbereitung

Die Vlieseline auf die entsprechenden Schnittteile aufbügeln.

So wird's gemacht

Die zwei Taschenteile 5B rechts auf rechts aufeinander legen. Die Rundung, die kurze Kante oben und die Unterkante zusammennähen. Die Ecke von Rundung zur kurzen Oberkante schräg bis knapp an die Naht abschneiden. Die Nahtzugabe an der Rundung mit einer Zickzackschere auf 2 mm bis zur Naht kürzen. So lässt sich die Rundung schön ausformen (siehe Workshop).

Die Tasche auf rechts drehen und die Kanten glatt bügeln. Nur die Rundung knappkantig absteppen. Die zweite Tasche ebenso nähen.

Die kleine (linke) Außentasche auf ein Teil 5A aus Korkstoff positionieren. Die kurze Oberkante und die lange Unterkante sorgfältig fixieren. Die Kanten knappkantig absteppen, Naht sichern.

Die große Außentasche darüber legen. Dabei sollen die schmalen Oberkanten genau auf einer Linie sein. Knappkantig feststeppen.

Die Taschen können in kleinere Partien geteilt werden, indem sie mittig abgesteppt werden.
Hinweis: Unbedingt über den Stoffrand steppen und mehrmals vor und zurück nähen, um die Naht zu sichern.

Beschlag Rücken (Teil 5F) wird mit Teil 5G aus Decovil verstärkt (siehe Markierung im Schnittmuster). Den Stoff an den Decovilkanten umschlagen, Kanten bügeln.

Die Träger werden mit Style-Vil (Teile 5D) verstärkt und gepolstert (Markierung im Schnittmuster). Die Korkkanten umklappen bis sie sich mittig überlappen. Gerade durch alle Lagen steppen. An der unteren kurzen Kante der Träger die Kanten um etwa 1 cm nach innen schlagen, damit die Kante sich auf eine Breite von 25 mm verjüngt. Mit Stoffklammern fixieren.

Alle Enden der Gurtbändern anschmelzen.
Achtung: Nur möglich bei Gurtband aus Synthetik! Bei Gurtband aus Baumwolle werden die Enden knapp eingeschlagen und festgesteppt.

Das lange Gurtband, je 50 cm, an einem Ende 1,5 cm umklappen und auf den unteren Teil des Trägers legen, so dass sich beide 2,5 cm überlappen. Sowohl das Gurtband als auch die Schrägen mit einem Rechteck und Diagonalen feststeppen, mehrmals übernähen.

Den Handgriff (Teil 5H) längs rechts auf rechts legen und die lange Kante steppen. Mit Hilfe einer Sicherheitsnadel den Schlauch auf rechts wenden. Dafür wird die Nadel an einem Ende befestigt und durch den Schlauch geschoben. Den Handgriff glatt bügeln und knappkantig an beiden Längsseiten absteppen.

Die Verstärkung Rücken (Teil 5E) wie eingezeichnet auf das zweite Korkteil 5A auflegen und die Ober- und Unterkante absteppen. Damit es sich nicht verzieht, mit vielen Stoffklammern fixieren.

Tipp: Wer mag, kann auch ein schönes Muster auf die Rückseite quillten.

Den Beschlag Rücken (Teil 5F) wie eingezeichnet auflegen. Die Träger und den Griff mit der linken Seite nach oben ca. 4 cm unter den Beschlag schieben (Markierungen im Schnittmuster). Den Beschlag mit 3 Nähten an den Außenkanten und mittig absteppen. Bei den Trägern und Griffen mehrmals vor- und zurücknähen.

Die kurzen Gurtbänder, je 25 cm, doppelt legen und das Unterteil der Steckschlösser hindurch ziehen. So knapp wie möglich unterhalb des Steckers absteppen. Auf dem Rückenteil positionieren und fixieren (Markierung im Schnittmuster „Position Träger"). Dabei liegt die Schlaufe innen schräg nach oben zeigend und die Enden überlappen die Stoffkante etwas. Knappkantig feststeppen.

Die zwei vorbereiteten Außenseiten aus Korkstoff (Teile 5A) rechts auf rechts legen und darauf achten, dass alle angenähten Teile, z.B. Träger innen liegen. Alle Kanten exakt aufeinanderlegen und mit Klammern fixieren. Die langen Außenkanten und die Unterkante (ohne die ausgeschnittenen Ecken) zusammennähen.

Teile 5A aus Futterstoff ebenso zusammennähen, dabei an einer Seite eine etwa 15 cm lange Wendeöffnung lassen.

Für den Taschenboden die noch offenen Ecken zusammennähen, dafür die kurzen Kanten rechtwinklig zueinander aufeinanderlegen und steppen. Nahtzugaben auseinander drücken und die Ecke herausarbeiten. Beim Futter die entstandenen Kanten knappkantig absteppen.

Die Innentasche auf links gedreht lassen, die Außentasche aus Kork auf rechts drehen. Die Außentasche in die Innentasche schieben. Die oberen Öffnungen exakt rechts auf rechts aufeinander legen und fixieren. Die Seitennähte treffen dabei aufeinander, zusammennähen.

Die Außenseite durch die Wendeöffnung ziehen. Sorgsam alle Ecken und Kanten ausformen und die Innentasche in die Außentasche stecken. Von außen die Oberkante knappkantig absteppen.

Die Position des Steckverschlusses mittig auf der rückwärtigen Oberkante einzeichnen. Die Oberseite des Verschlusses soweit wie möglich über den Stoff schieben. Mit einem Prickel oder einer Nadel durch die zwei vorgegebenen Löcher durch den Stoff stechen. Den Bügel durch die vorgestanzten Löcher stecken und die Bügel-Zacken mit einem Hammer flach nach innen biegen.

Für das Unterteil die Mitte markieren und die Höhe bestimmen. Die gestanzten Löcher mit einem Stift markieren und mit einem Prickel die Stoffaußenseite durchstechen. Die Unterseite von außen nach innen durch die Löcher stecken. Durch die offene Wendeöffnung wird das Gegenstück zwischen Futterstoff und Außenstoff geschoben und befestigt. Das Gegenstück auflegen und die Zacken umbiegen.

Die offenen Kanten der Wendeöffnung nach innen klappen und knappkantig absteppen.

Das zweite Teil der Steckschnallen an den langen Trägern befestigen, dafür das Gurtband durch den Metallschieber stecken, weiter von oben nach unten durch die Steckschnalle und unterhalb des vorherigen Gurtes wieder durch den Schieber stecken. Das Ende umklappen und am selbigen Gurt ansteppen (siehe Workshop).

In Feierlaune

GIRLANDE „HURRA"

Größe: Buchstabenhöhe 14,5 cm • Vorlagen auf Bogen C

Material

- 45 x 50 cm Korkstoff Mosaik
- weiße Acrylfarbe
- 1 Weinflaschenkorken
- Cutter
- Pinsel
- 250 cm Kordel
- Lochzange

Zuschneiden

Aus Korkstoff:
1 x Vorlage H, U, A
2 x Vorlage: R
je 2 x Vorlage Stern klein, mittel, groß

So wird's gemacht

In eine Seite des Korkens ein Dreieck einschneiden, die äußeren Teile abschneiden. Mit dem Pinsel die Farbe auf das Dreieck auftragen. Mit dem Dreieck die Zeichen bestempeln (siehe Foto).

Farbe trocknen lassen. Löcher laut Markierungen einstanzen. Kordel durch die Zeichen ziehen und an den Enden zwei Schlaufen knoten.

Mit Wow-Effekt!

TISCHLEUCHTE
Größe: variabel

Material
- Korkstoff Natur mit Gold
- 1 Lampenschirm
- Sprühkleber
- Locheisen, verschiedene Durchmesser

Zuschneiden
Die Höhe und den Umfang des Schirms abmessen. Die Höhe um 5 cm und den Umfang um 2 cm vergrößern. Aus Papier ein Rechteck in der ausgemessenen Größe ausschneiden und um den Schirm legen. Maße prüfen. Die Enden sollen sich leicht überlappen. Entsprechendes Rechteck aus Korkstoff zuschneiden.

So wird's gemacht
Auf die linke Stoffseite ein Lochmuster oder ein Wort zeichnen (z. B. „Love").
Achtung: Schrift muss gespiegelt aufgeschrieben werden.

Mit den Locheisen Muster oder Wort punktuell ausstanzen. Je näher die Löcher beieinander sind, desto mehr Licht scheint durch den Schirm.

Den Kork (am besten an der frischen Luft!) auf einer großen Unterlage von links mit Sprühkleber besprühen (siehe Herstellerangaben). Den Lampenschirm mit der Unterkante bündig an der unteren Stoffkante positionieren und langsam über den Kork rollen. Dabei den Kork immer wieder festdrücken. Die überlappenden Enden gut andrücken.

Die überstehende Oberkante an etwa 4 Stellen gleichmäßig verteilt bis knapp an den Lampenschirmring einschneiden. Die Ränder nach innen klappen und festdrücken, eventuell mit Clips fixieren, bis der Kleber getrocknet ist.

Money, money, money

GELDBEUTEL

Größe: 15 x 10,5 cm geschlossen • Schnittteile 6A-H auf Bogen C

Material
- 20 x 45 cm Korkstoff Granulat Hell-Bunt
- 20 x 30 cm Korkstoff Mosaik
- Rest Korkstoff, 1 mm stark
- Nähgarn in Kontrastfarbe
- 1 Druckknopf
- Cutter
- Lineal

Zuschneiden

Aus Korkstoff Granulat Hell-Bunt:
2 x Schnittteil 6A (Rücken) im Stoffbruch
1 x Schnittteil 6B (Einteiler) im Stoffbruch
1 x Schnittteil 6F (Deckel Münzfach)
1 x Schnittteil 6G (Münzfach)

Aus Korkstoff Mosaik:
1 x Schnittteil 6C
1 x Schnittteil 6D
1 x Schnittteil 6H

Aus Rest Korkstoff, 1 mm stark:
1 x Schnittteil 6E (Kartenstopper)

So wird's gemacht

Die Kanten des Münzfachs an den Faltlinien falten und auf das Schnittteil 6D legen, dabei liegen untere Kante und seitliche Kanten bündig. Untere Kante absteppen.

Die eingezeichneten Fächer, Teil 6H mit einem Cutter und einem Lineal sorgsam einschneiden und prüfen, ob eine Geldkarte hindurch passt. Gegebenenfalls nachschneiden. Nun die Schlitze in Kontrastfarbe knappkantig absteppen.

Kartenstopper, Teil 6E falten und auf der Innenseite, gegenüber der eingeschnittenen Fächer auf die linke Seite von Teil H, positionieren.

Mit Klammern fixieren und einmal ringsherum absteppen. Das Kartenfach an der Stoffbruchlinie links auf links falten und die Bruchkante absteppen.
Teil 6A und 6B an der Bruchkante falten. Teil 6B an der Bruchkante absteppen.

Teil 6C mit der rechten Seite nach oben hinlegen. Das Münzfach bündig mit der Außenkante rechts, das Kartenfach bündig mit der Außenkante links positionieren. Darauf achten, dass die gefalteten Kanten des Münzfachs genau übereinander liegen. Die Oberkante absteppen.

An den Übergängen der einzelnen Teile die Nähte gut sichern.

Alle Teile zum Portemonnaie zusammenfügen: Teil 6A hinlegen, darüber Teil 6B, dann Teil 6C darauf legen. Die Kanten des Kartenfachs und des Münzfachs genau bündig zu den Außenkanten legen, mit Klammern fixieren.

An die rechte Außenkante den Deckel Münzfach (Teil 6F) links auf rechts positionieren und fixieren. Alle Kanten noch einmal genau überprüfen und gegebenenfalls die Position verbessern.

Einmal ringsherum alle Außenkanten absteppen. Bei den Übergängen die Nähte gut sichern.

Sing Schuh-bidu!

ESPADRILLES

Größe: 36–42 • Schnittteile 7A–B auf Bogen D

Material
- Espadrilles-Sohlen, z.B. von Prym
- 25 x 70 cm Korkstoff in Weiß
- 25 x 70 cm gemusterter Stoff
- 25 x 60 cm Baumwollstoff für Innensohle
- Perlgarn in Creme
- Nähgarn in Türkis

Zuschneiden
Aus Korkstoff:
2 x Schnittteil 7A (Vorderteil)
2 x Schnittteil 7B (Fersenteil)
Aus gemustertem Stoff:
2 x Schnittteil 7A (Vorderteil)
2 x Schnittteil 7B (Fersenteil)

So wird's gemacht

Je ein Kork- und ein Baumwollstoff-Fersenteil an der Oberkante verstürzen (siehe Workshop). Die Teile wenden, die Nahtzugaben auseinanderbügeln. Naht flach bügeln, sodass von außen nur der Korkstoff zu sehen ist, die Naht ist somit ganz leicht in Richtung Innenseite verschoben. Kante 0,5 cm breit absteppen.

Das Fersenteil mithilfe der Passzeichen rechts auf rechts auf das Vorderteil aus Korkstoff stecken. Das Baumwoll-Vorderteil mit der rechten Seite passend darauf stecken. Das Fersenteil liegt jetzt zwischen den beiden Vorderteilen. Naht durchgehend von einer Seite zur anderen steppen. Nahtzugaben an der Rundung in kleinen Abständen bis dicht an die Naht einschneiden, an der Spitze die Nahtzugaben zurückschneiden.

Vorderteile wenden und nach außen bügeln, dabei die Naht wieder etwas nach innen verschieben, sodass von außen nur der Korkstoff zu sehen ist. Die Naht 0,5 cm breit absteppen.

Futter- und Oberstoff an den Unterkanten aufeinanderstecken, eventuell überstehendes Futter abschneiden. Die Kante rundum mit Zickzackstichen versäubern. Dabei besonders an den Rundungen darauf achten, den Stoff nicht zu dehnen.

Um am Vorderteil Weite einzuhalten, 0,5 cm neben der unteren Kante eine Kräuselnaht nähen (Stichlänge auf größte Einstellung, Fadenspannung lockern), die Fäden an Anfang und Ende hängen lassen und nicht verriegeln. Kräuselfaden etwas zusammenziehen.

Soll der Schuh eine Innensohle bekommen, diese mit einer Sohle als Schablone 2-mal gegengleich ohne Nahtzugabe zuschneiden. Die Innensohlen rundherum mit Zickzackstichen versäubern und mit Langettenstichen auf die Sohlen nähen (siehe Workshop).

Das fertige Schuhteil ca. 1 cm neben der unteren Kante mit einem Zierstich oder breiten engen Zickzackstich der Nähmaschine in Türkis besticken.

Schuhteil rundum an die Sohle stecken, dabei am Fersenteil beginnen und dieses glatt an die Sohle stecken. Dann in der vorderen Mitte das Vorderteil feststecken. Von hier aus die Seiten des Vorderteils feststecken. Um die nötige Weite besser einhalten zu können, den Stoff mithilfe des Kräuselfadens auf die passende Weite zusammenziehen.

Das Garn einfädeln, das Garnende verknoten und an der Schuhinnenseite mit zwei Stichen vernähen. Die Stiche möglichst nah an die Stoffkante setzen, damit sie später von der Sohle verdeckt werden. Etwa 0,5 cm oberhalb der Stoffkante nach außen stechen und das Schuhteil mit Langettenstichen festnähen.

Angebandelt

TRAUMFÄNGER

Größe: : ø ca. 30 cm

Material
- 50 x 70 cm Korkstoff Straw
- ca. 3 m Papierkordel, natur
- ca. 24 Federn, weiß und schwarz
- 8 Porzellanperlen, ø 18 mm, Koralle
- 2 Porzellanperlen, 13 x 16 mm, Grau
- 1 Porzellan-Stern, ø 30 mm, Koralle
- 1 Strohring, ø 30 cm
- 4 cm Blumendraht
- Alleskleber
- Cutter

Zuschneiden
Aus Korkstoff:
ca. 20 Bänder, 2 x 70 cm

So wird's gemacht

Zuerst 4 der Bänder beiseite legen. Die restlichen Korkbänder ca. 6 mm überlappend um den Strohring wickeln. Durch die Überlappung werden die Enden automatisch fixiert und bleiben in Form. Nacheinander alle Bänder in einer Richtung aufwickeln.

Das letzte Ende mit einem in der Mitte gebogenen Blumendraht auf der Rückseite feststecken. Je nach Kranzgröße und -durchmesser müssen eventuell noch zusätzliche Bänder zugeschnitten werden.

Mit der Papierkordel das Netz weben. Dafür das Kordelende um den Ring legen und verknoten. Im Abstand von etwa 10 cm die Kordel wieder um den Ring wickeln und an der Innenseite verknoten. Wiederholen bis insgesamt 8 Stellen geknotet sind (siehe Foto).

Nach der letzten Runde die Kordel durch die Mitte der ersten entstandenen waagrechten Linie stecken und mittig verknoten. Zur nächsten Waagrechten folgen und mittig verknoten. Wiederholen bis wieder eine Runde geknotet ist.

Die dritte Runde wie die zweite beginnen, dabei vor dem Knoten eine Porzellanperle auffädeln. Abwechselnd mit und ohne Perle eine Runde knoten.

Bei der letzten Runde jede zweite Waagrechte verknoten. Zum Schluss die Kordel gut verknoten und abschneiden.

Drei der beiseite gelegten Korkbänder bis auf ca. 8 cm in der Längsmitte teilen. In das breite Ende einen 1 cm langen Schlitz mit einem Cutter schneiden. An der unteren Mitte um den Ring wickeln, die geteilten schmalen Enden durch den Schlitz fädeln und festziehen. Auf je ein Ende eine graue Porzellanperle auffädeln und nach oben schieben, Kordel unterhalb verknoten und weiße Federn in die Perlenöffnung schieben (den Federkiel vorher mit Kleber bestreichen).

Etwa 10 cm unterhalb der Perlen den korallfarbenen Stern auffädeln und beide Schnüre verknoten. Darunter leicht versetzt zwei Perlen einzeln auffädeln und mit Federn schmücken.

Rechts und links der Mitte eine Kordel an den Ring fädeln und diese mit Porzellanperlen und Federn schmücken (siehe Foto).

An die Oberseite des Rings das letzte Korkband anbinden, dieses jedoch nicht teilen, sondern nur mit einem Schlitz versehen und befestigen wie oben beschrieben.

TIPP

Aus Korkstoffresten Federn zuschneiden, an den Federkielenden ein Loch einschneiden und an Ring oder Kordeln zusätzlich anbringen.

Fashion-Flirt

CLUTCH

Größe: 27 x 15 cm geschlossen • Schnittteile 8A-C auf Bogen D

Material

- 45 x 30 cm Korkstoff Kroko braun oder Mosaik
- 45 x 30 cm Filz ,3 mm stark, in Weiß oder Schwarz
- 1 Schlüsselring, ø 1 cm
- 1 Schlüsselanhänger mit Drehgelenk, 3,5 cm
- 1 Magnetverschluss, ø 18 mm
- 1 Handmade-Label
- Cutter oder spitze Schere

Zuschneiden

Aus Korkstoff:
1 x Schnittteil 8A (Tasche)
1 x Schnittteil 8C (Henkel)

Aus Filz:
1 x Schnittteil 8A (Tasche)
2 x Schnittteil 8B (Seitenteil)

So wird's gemacht

Beide Teile des Magnetverschlusses laut Markierungen anbringen. Position 1 ist auf dem Deckelinneren aus Filz und Position 2 außen auf dem Korkstoff. Das Metallplättchen positionieren und mit einem Cutter oder einer spitzen Schere in die vorgegebenen Schlitze zwei Löcher einschneiden. Die Stege des Verschlusses hindurch stecken, Metallplättchen darüber setzen und umbiegen.

Von Hand das Handmade-Label aufnähen.

Die langen Seiten des Henkels übereinanderschlagen, so dass er 1 cm breit ist. Rechts und links knappkantig absteppen und an der markierten Stelle teilen.

Ein Ende des Henkels durch den Schlüsselanhänger mit Drehgelenk (Karabiner) 3 cm weit fädeln, das andere Ende 3 cm nach innen falten. Henkel zur Schlaufe legen. Knapp neben dem Karabiner die Schlaufe absteppen, dabei das andere Ende am Umschlag mitfassen.

Den Schlüsselring in das kurze Henkelteil einfädeln, die Enden übereinander klappen und an der Markierung auf dem Taschenteil aus Filz festnähen.

Die zwei Taschenteile aus Kork und Filz links auf links passgenau aufeinanderlegen und mit Clips fixieren.

Die trapezförmigen Seitenteile rechts und links am Taschenteil positionieren, die obere schmale Kante des Trapezes ist dabei auf einer Höhe mit der Taschen-Oberkante. Die Seitenteile fixieren und fortlaufend 5 mm breit zusammennähen.

Die Oberkante absteppen. Die Taschenklappe an der Spitze mit zwei Ziernähten schmücken, dabei die erste Naht 5 mm, die zweite 1 cm von der Kante entfernt ausführen.

Mit anderem Korkstoff und einem Label wirkt die Clutch gleich komplett anders.

Mr. Postman

POSTKARTEN
Größe: DIN A6

Material
- selbstklebendes Korkpapier, mindestens DIN A4
- heller Korkstoff 0,5 mm stark, mindestens DIN A4
- Alleskleber
- Buntes Tonpapier
- Tintenstrahldrucker
- Lineal
- Cutter

Zuschneiden
Aus Korkpapier und Korkstoff:
Din A4 Bögen (ca. 21 x 29 cm) in gewünschter Menge

Vorbereitung
Pro DIN A4 Bogen werden 4 Karten in Postkartengröße (DIN A6) gedruckt.
Mit dem Schreibprogramm am PC den DIN A4 Bogen in 4 Teile teilen und mit witzigen Glückwünschen, Zitaten oder Einladungstexten gestalten. Korkbogen in den Drucker einlegen und bedrucken lassen.

So wird's gemacht

Mit einem Lineal und Cutter die Korkbögen in DIN A6 zerschneiden. Das selbstklebende Kork-Papier auf das bunte Tonpapier kleben. Den bedruckten Korkstoffbogen hauchdünn mit Kleber bestreichen und auf das Tonpapier kleben. Eventuell noch einmal genau nachschneiden.

Fertig ist die einzigartige Postkarte!

TIPP
Mit kräftigen Farben kann der Kork auch farbig bedruckt werden (siehe Foto).

BRIEFUMSCHLAG

Größe: DIN A6 • Schnittteil 9 auf Bogen A

Material
- 30 x 33 cm Korkstoff Streifen
- 30 x 33 cm gemusterter Baumwollstoff
- 6 cm Webband
- Stoffrest
- 1 Druckknopf
- Nähgarn, passend zum Kork oder passend zum Stoff als Kontrastfarbe

Zuschneiden
Aus Korkstoff:
1 x Schnittteil 9
Aus Baumwollstoff:
1 x Schnittteil 9

So wird's gemacht

Auf die rechte Seite des Korkteils eine Briefmarke und einen Stempel aus einem Stoffrest und Webband zuschneiden und aufsteppen (siehe Foto).

Das Korkteil und den Baumwollstoff rechts auf rechts aufeinander legen und auf der Nahtlinie mit einem geraden Stich zusammennähen. An der Spitze den Nähfuss anheben, das Nähgut drehen und weitersteppen.

Die Nahtzugabe an den Spitzen gerade abschneiden (siehe Workshop). Den Briefumschlag durch die Wendeöffnung auf rechts drehen und die Ecken mit einem Holzstäbchen ausformen. Die Stoffkanten an der Wendeöffnung nach innen klappen und mit dem Daumen glatt streichen. Mit Stecknadeln zusammenstecken.

Den Umschlag ringsherum knappkantig absteppen und dabei die Wendeöffnung schließen.

An den Faltlinien die Ecken über den Umschlag einschlagen, mit Stoffklammern fixieren und mit ein paar Handstichen über der Nähmaschinennaht zusammennähen.

Kork to go

GETRÄNKEHALTER
Größe: 8 cm hoch, bis max. ø 8 cm • Schnittteil 10 auf Bogen A

Material
- 10 x 35 cm Korkstoff Temporal
- 10 x 35 cm Korkstoff Marmoriert
- je 10 x 40 cm Filz in Hellgrün und Gelb, 1-2 mm dick
- Filzrest in Rot
- Vliesofix
- Plotterfolie Flex-Glitzer in hellblau
- Nähgarn in verschiedenen Farben

Zuschneiden
Aus Korkstoff Temporal:
1 x Schnittteil 10
Aus Korkstoff Marmoriert:
1 x Schnittteil 10
Aus Filz in Hellgrün und Gelb:
je 1 x Schnittteil 10

Vorbereitung
Vliesofix nach Herstellerangaben auf den Filzrest bügeln. Auf Papier einen Schriftzug anfertigen, ausschneiden und umgedreht (gespiegelt!) auf den Filz legen. Schriftzug aufzeichnen und mit einem Cutter oder einer spitzen Schere ausschneiden, dabei zuerst die inneren Felder, dann die Außenlinien ausschneiden.

Die Schnittteile aus Kork rundherum 4 mm kleiner schneiden.

So wird's gemacht

Filz und Plotterfolie auf den Kork bügeln.
Achtung: Das Bügeleisen nicht zu heiß einstellen und nicht zu lange auf den Kork bügeln, damit sich die Korkoberfläche nicht verändert! Eventuell an einem Rest testen (siehe Verarbeitung).

Das Filzwort sorgsam absteppen und den überstehenden Filz nach Wunsch zurückschneiden.

Das Korkteil auf das Filzteil legen. Die Spitzen verlaufen parallel zueinander. Knappkantig ringsherum absteppen.

Das Nähstück um den Becher legen, den Umfang abmessen und die Überlappung markieren. Mit einer Handnaht die Spitze annähen.

Kork Time

HANDYHÜLLE

Größe: passend für ein Smartphone ca. 6 x 12,5 x 0,8 cm (B x H x T) • Schnittteile 11A-D auf Bogen C

Material

- 8 x 32 cm Korkstoff Mosaik
- 18 x 21 cm Filz in Schwarz
- 1 Schlüsselring, ø 1 cm
- 1 Schlüsselanhänger mit Drehgelenk, 3,5 cm
- 1 Handmade-Label

Zuschneiden

Aus Korkstoff:
1 x Schnittteil 11C (Verschlussband)
2 x Schnittteil 11D (Ecke)

Aus Filz:
1 x Schnittteil 11A (Vorderseite)
1 x Schnittteil 11B (Rückseite)

So wird's gemacht

Das Verschlussband links auf links nach innen falten, so dass die langen Kanten aufeinandertreffen. Mit Clips fixieren. Beide Enden 2 cm zu einer Schlaufe nach innen falten. An einem Ende den Schlüsselanhänger mit Drehgelenk (Karabiner), am anderen den Metallring einfädeln. Mit knappem Abstand zur Kante die Schlaufe absteppen.

Die Dreiecke an der Unterkante der Rück- und Vorderseite positionieren und mit Clips fixieren. Die Diagonalen knappkantig absteppen.

Vorder- und Rückseite links auf links mit der unteren Kante bündig aufeinanderlegen und den Verschluss mittig platzieren. (Die richtige Länge der Verschlusslasche bei zugeklappter Hülle prüfen.) Den Verschluss auf Vorder- und Rückseite rechts und links knappkantig absteppen.

Von Hand das Handmade-Label wie auf dem Foto abgebildet aufnähen. Beide Teile wieder zusammenlegen und fixieren. Rechts, links und unten mit 5 mm Abstand zur Kante absteppen. Naht sichern.

Hinweis: Ist die Breite (hier 6 cm) beispielsweise 1 cm größer, werden Vorder- und Rückseite verbreitert. Das Schnittmuster abpausen, ausschneiden und längs in der Mitte teilen. Die zwei Teile auf ein neues Blatt Papier mit einem Abstand von 1 cm nebeneinanderkleben. Die Lücke an der Kante mit einem Stift schließen und das neue Schnittteil ausschneiden. Der Verschluss wird ebenfalls verlängert. Weil er über Vorder- und Rückseite verläuft, wird die Verlängerung x 2 genommen.

TABLETHÜLLE

Größe: 23 x 15 cm • Schnittteil 12A-C auf Bogen D

Material
- 30 x 45 cm Korkstoff Mosaik
- 30 x 45 cm Filz
- 1 Magnetverschluss, ø 18 mm
- 1 Handmade-Label
- Cutter oder spitze Schere

Zuschneiden
Aus Korkstoff:
1 x Schnittteil 12B (Außenteil)
1 x Schnittteil 12C (Magnetschutz)
Aus Filz:
1 x Schnittteil 12A (Innenteil)

So wird's gemacht

Beide Teile des Magnetverschlusses laut Markierung auf dem Innenteil anbringen, dafür probeweise zusammenklappen um die richtige Stoffseite zu bestimmen. Das Metallplättchen positionieren und mit einem Cutter oder einer spitzen Schere in die vorgegebenen Schlitze zwei Löcher im rechten Winkel zur langen Kante einschneiden. Die Stege des Verschlusses hindurch stecken, Metallplättchen darüber setzen und umbiegen.

Den Magnetschutz aus Kork links auf links an die geschwungene Kante des Filzes legen und knappkantig absteppen.
Von Hand das Handmade-Label aufnähen.

Das Außenteil aus Kork links auf links auf das Innenteil aus Filz legen. Die runden Kanten und die langen Kanten liegen exakt aufeinander. Mit Clips fixieren. Markierungen für die Stifte übertragen und absteppen. Nähte gut sichern (siehe Verarbeitung). Die Nähte wie eingezeichnet etwa 1,5 cm oberhalb der gestrichelten Falzkante 1 beenden.

Das abgesteppte Vorderteil an der Falzkante 1 links auf links falten und mit Clips fixieren. Darauf achten, dass sich die Stoffe am Deckel nicht verschieben. Die Kante von links unten über den Deckel nach rechts unten 5 mm breit absteppen. Naht sichern (siehe Verarbeitung).

Hinweis: Die Tablet-Hülle kann wegen des vorgegebenen Materialverbrauchs nur geringfügig um 2 cm in Breite und Höhe vergrößert werden. Ist die Breite und Höhe (hier 24 und 17 cm) beispielsweise jeweils 1 cm größer, wird die Verlängerung der Höhe x 2 genommen. Das Schnittmuster abpausen, ausschneiden und in der waagrechten und senkrechten Mitte teilen. Die 4 Teile auf ein neues Blatt Papier mit Abstand (hier 1 cm in der Breite und 2 cm in der Höhe) nebeneinanderkleben. Die Lücken an den Kanten mit einem Stift schließen und das neue Schnittteil ausschneiden.

Light me up!

PLISSIERTE HÄNGELEUCHTE

Größe: 70 x 25 cm • Vorlage 13 auf Bogen B

Material
- 150 x 140 cm Korkstoff Natur mit Gold
- 50 x 140 cm Baumwollstoff in Neonrot
- Fassungsring für E14/E27, ø 700 mm, 3 mm stark
- Stahlring, ø 700 mm, 4 mm stark
- Leuchtenpendel
- Textilkabel in Neonrot

Zuschneiden

Aus Korkstoff:
5 Rechtecke à 30 x 140 cm
Aus Baumwollstoff:
4 Rechtecke à 10 x 140 cm

So wird's gemacht

Die Teile aus Korkstoff nach Vorlage 13 falten. Die eingezeichneten Falten abwechselnd nach innen und nach außen falten, so dass ein „Z" entsteht.
Tipp: Die Vorlage auf die ausgeschnittenen Teile auflegen und an den Faltmarkierungen einen Knips einschneiden. Die Falten mit Clips fixieren.

Sobald eine Korkbahn gefaltet ist, mit 5 mm Abstand und großer Sticheinstellung, entlang der langen Kanten, quer über die Falten steppen (oder heften). So werden die Falten fixiert.

Dann das nächste Rechteck falten. Sobald alle Falten gelegt sind, jede Falte von links mit 5 mm Abstand zur Kante senkrecht exakt gerade absteppen.

Alle Rechtecke zusammenfügen, dafür die letzte Falte eines Rechtecks auf den Anfang des nächsten Rechtecks steppen. Die Abstände der Falten beachten und eventuell ein Stück kürzen, damit es harmonisch anschließt.
Wenn alle plissierten Rechtecke aneinander genäht sind, einmal um den Fassungsring legen, mit Clips daran fixieren und die Länge abmessen. Mit einer Faltenlänge überlappen lassen und den Rest abschneiden.

Je zwei Baumwollstreifen rechts auf rechts aneinander steppen. Nahtzugabe auseinander bügeln. Beide langen Kanten etwa 1,5 cm nach links falten und bügeln.

Baumwollstreifen rechts auf rechts an die obere Korkstoffkante legen und mit 1 cm Nahtzugabe zusammennähen.

Den am Ende überstehenden Baumwollstreifen bis auf 4 cm Überstand kürzen. Nach oben klappen und knappkantig absteppen. Baumwollstoff über den Fassungsring schlagen und mit Clips daran fixieren.

Den umgeklappten Baumwollstreifen an etwa 4 Stellen gleichmäßig verteilt bis knapp vor den Ring einschneiden. Kanten nach innen falten und mit der Hand versäubern/festnähen. Von Hand die zweite gebügelte Kante an dem Korkstoff bzw. an der Steppnaht bis etwa 5 cm vor dem Ende annähen.

Den unteren Metallring wie oben beschrieben ebenso einnähen. Die überstehenden Baumwollstreifen nach innen klappen. Die zwei Korkenden übereinanderlegen und mit der Hand von oben nach unten festnähen. Die Enden der Baumwollstreifen übereinanderlegen und festnähen.

Das Textilkabel am Leuchtenpendel befestigen bzw. die Kabel austauschen. Leuchtenpendel an Lampenschirm befestigen.

Flechtwerk

SANDALEN

Größe: variabel

Material

- Espadrilles-Sohlen, z.B. von Prym
- 2 Streifen Textilgarn in Rot, jeweils 250 cm lang
- 4 Korkbänder in Haselnuss, 3 mm breit, je 150 cm lang
- 2 Korkbänder in Natur, 3 mm breit, je 150 cm lang
- Perlgarn in rot

So wird's gemacht

Den Anfang eines haselnussbraunen Korkbandes am Rand der Sohle feststecken (siehe ◆ in der Schemazeichnung), dann das Band rund um die Sohle führen, dabei gemäß Schemazeichnung Bögen nach oben legen und feststecken. Anfang und Ende mit etwas Überlappung abschneiden.

Korkband rundum festnähen, dazu den Faden jeweils durch die Sohle und um deren Flechtbänder führen (siehe Workshop).

Je zwei Streifen Korkband, ein helles und ein dunkles, 50 cm überlappend von Hand zusammennähen, so ergibt sich eine Länge von 250 cm.

Je ein Streifen Textilgarn und zwei zusammengenähte Korkbänder durch die Schlaufen fädeln, dabei an den vorderen Schlaufen beginnen und die Streifen jeweils von außen nach innen fädeln. Dann im Zickzackmuster wie bei Schnürschuhen weiter durch die anderen Schlaufen fädeln (siehe Foto).

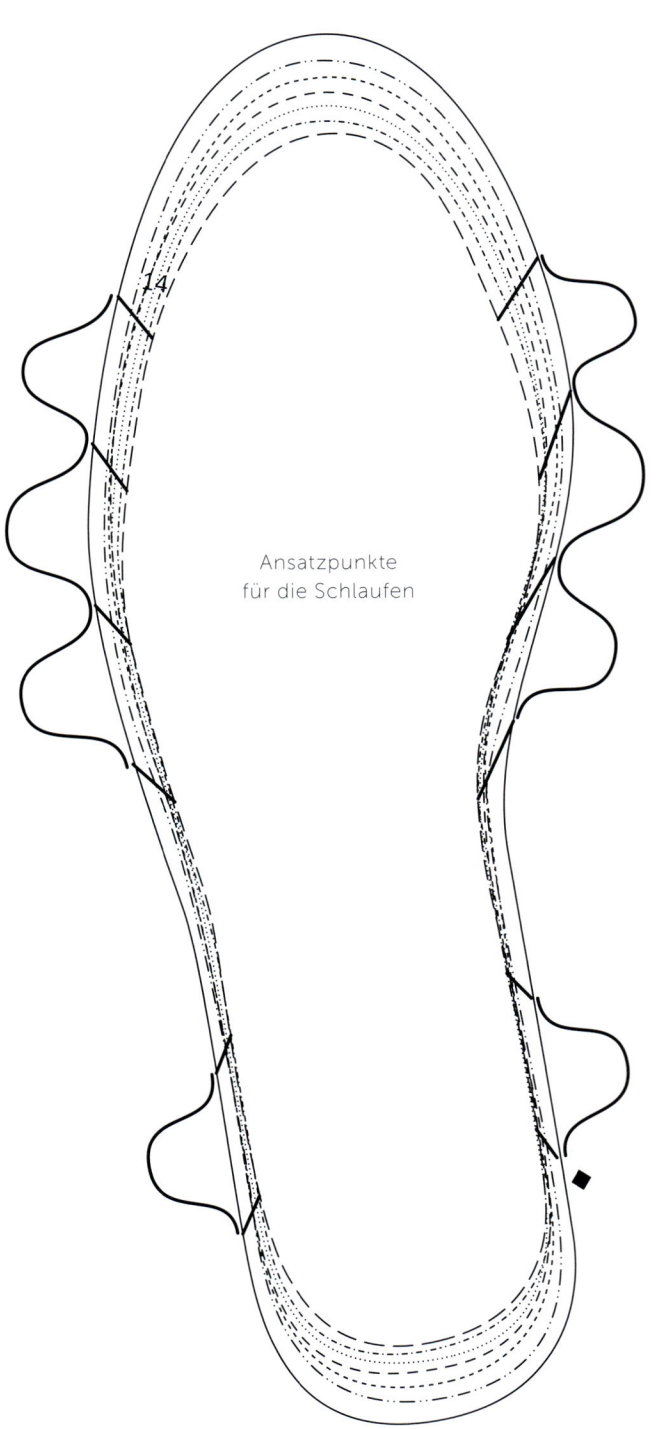

Ansatzpunkte für die Schlaufen

Blaues Wunder

UTENSILO MIT FÄCHERN
Größe: ø 21 cm, 18 cm hoch • Schnittteile 15A–C auf Bogen D

Material
- 55 x 80 cm Korkstoff Azur
- 25 x 80 cm gemusterter Baumwollstoff
- 190 cm Schrägband

Zuschneiden
Aus Korkstoff:
1 x Schnittteil 15A (Hauptteil)
1 x Schnittteil 15B (Taschen)
1 x Schnittteil 15C (Boden)
Aus Baumwollstoff:
1 x Schnittteil 15A (Hauptteil)
1 x Schnittteil 15C (Boden)

So wird's gemacht

Die Oberkante von Teil 15B mit Schrägband einfassen. Dafür das Schrägband öffnen und mit einer Kante rechts auf rechts an die Oberkante anlegen. Mit einem großen Stich anheften. An der Falzkante das Schrägband nach oben klappen und über die Korkkante herum nach links legen. Mit Klammern fixieren, unter etwas Spannung an der Rundung entlang gleiten lassen und von rechts ansteppen.

Die Taschen an den entsprechenden Markierungen falten. Dabei ergibt der Stoff an den Kanten ein "S" bzw. ein gespiegeltes "S". Die Falten an Ober- und Unterkante fixieren. Die letzte große Tasche wird nicht gefaltet.

Teil 15B laut Markierung auf Teil 15A legen, die Unterkanten der beiden Teile gleichschneiden. Die Teile fixieren und knappkantig an der unteren Kante absteppen.

Durch das Falten haben sich klare Kanten ergeben. Jeweils zwischen zwei dieser Kanten eine senkrechte Teilungsnaht steppen, dafür die Linie mit Stecknadeln fixieren. Die erste Tasche mit der Unterkante unter dem Nähfuss positionieren, so dass die Nadel direkt zwischen die zwei Faltenkanten stößt. Die Kanten mit den Fingern auseinanderdrücken, damit mehr Platz für den Nähfuß ist. Von unten nach oben absteppen und über das Schrägband nähen. Naht sichern.

Diesen Schritt bei allen Taschen wiederholen. Zur Formgebung können die nach außen zeigenden Taschenkanten von der Oberkante abwärts mit einer etwa 4 cm langen Naht geformt werden (siehe Foto), dafür die Falzkanten aufeinanderlegen und knappkantig absteppen. Die Naht oben und unten sichern.

Die kurzen Außenkanten rechts auf rechts legen und zum Ring zusammennähen. Teil 15A aus Stoff ebenso nähen.

Taschenteil 15A/15B rechts auf rechts auf Teil 15C legen, dabei treffen die Markierungen aufeinander, und zusammennähen. Innenteile aus Stoff ebenso nähen.

Das Außenteil auf rechts wenden. Innenteil links auf links hineinstecken und sorgsam fixieren. Wie oben beschrieben das Schrägband an der Oberkante annähen.

TIPP
Mit einem farbigen
Faden können schöne
Kontrasteffekte einge-
arbeitet werden.

Farbenfroh

STIFTETÄSCHCHEN
Größe: 18 x 4,5 cm • Schnittteile 16A-E auf Bogen B

Material
- 10 x 28 cm Korkstoff Granulat Hell-Braun
- 5 x 20 cm Filz, 1 mm dick in Rot
- 1 Stern-Niete
- evtl. Zange

Zuschneiden
Aus Korkstoff:
1 x Schnittteil 16A
1 x Schnittteil 16B
Aus Filz:
1 x Schnittteil 16C
1 x Schnittteil 16D
1 x Schnittteil 16E

So wird's gemacht

Die Niete mittig durch Teil 16E stecken. Kreis und Niete wie auf dem Foto auf Teil 16A stecken. Nietenenden mit dem Finger oder einer Zange nach innen biegen.

Teil 16C auf die linke Seite von Teil 16B positionieren und knappkantig feststeppen, dabei die untere kurze Kante lose lassen.

Teil 16A an der Falzkante umknicken und feststeppen und mit der Unterkante bündig links auf links auf Teil 16B legen. Verschlusslasche (Teil 16D) laut Markierung nicht zu stramm auf Teil 16 A positionieren.

Alle Lagen mit Klammern fixieren und die seitlichen Kanten und die untere Kante 5 mm breit zusammennähen.

VISITENKARTENTÄSCHCHEN
Größe: 16 x 10 cm • Schnittteile 17A-C auf Bogen B

Material
- 10 x 21,5 cm Korkstoff Granulat Hell-Braun
- 10 x 8 cm Filz, 1 mm dick, in Rot
- 1 Stern-Niete
- evtl. Zange

Zuschneiden
Aus Korkstoff:
1 x Schnittteil 17A
Aus Filz:
1 x Schnittteil 17B
1 x Schnittteil 17C

So wird's gemacht

Die Niete mittig durch Teil 17C stecken. Kreis und Niete laut Markierung auf die rechte Seite von Teil 17A stecken. Nietenenden mit dem Finger oder einer Zange nach innen biegen.

Teil 17B auf die linke Seite von Teil 17A legen, dieses an den Falzlinien falten. Mit Klammern fixieren. Seitliche Kanten 5 mm breit feststeppen, Naht sichern. Visitenkarten einschieben.

Für Party-Mäuse

WIMPELKETTEN

Größe: 18,5 x 11 cm Wimpelgröße • Schnittteil 18 auf Seite 77

Material
- Korkstoffreste (mindestens 20 x 12 cm pro Wimpel)
- Baumwollstoffreste (mindestens 20 x 12 cm pro Wimpel)
- 4 Ösen
- 4 Schlüsselringe
- Mobile-Ring

Zuschneiden (pro Wimpel)
Aus Baumwollstoff:
1 x Schnittteil 18
Aus Korkstoff:
1 x Schnittteil 18

Beliebig viele Wimpel für vier Wimpelketten zuschneiden

So wird's gemacht

Je ein Wimpelteil aus Korkstoff und Baumwollstoff miteinander verstürzen (siehe Workshop), dabei an der Spitze den Nähfuss anheben, das Nähgut drehen und weitersteppen. Die Nahtzugabe an den Spitzen gerade abschneiden.

Den Wimpel auf rechts wenden und die Ecken mit einem Holzstäbchen ausformen. Die Stoffkanten an der Wendeöffnung nach innen klappen und mit dem Daumen glatt streichen. Mit Stecknadeln zusammenstecken. Die Raute ringsherum knappkantig absteppen.

Auf diese Weise weitere Wimpel für vier Wimpelketten nähen.

Wimpel für eine Wimpelkette arrangieren und der Länge nach aneinander steppen, dafür eine Naht mittig durch alle Wimpel steppen (siehe Foto). In den obersten Wimpel eine Öse einschlagen und einen Schlüsselring daran befestigen.

Alle vier Wimpelketten an den Mobile-Ring hängen.

TIPP
Diese Wimpelketten sind die idealen Stoffresteverwerter. Je bunter und vielfältiger die Stoffauswahl, desto hübscher und fröhlicher die Wimpelkette. Applizierte Worte bilden eine schöne Ergänzung. Oben können die Ketten z.B. an einem Mobile-Rahmen befestigt werden.

Trendy hoch zwei

TOPFHUSSEN
Größe: Schmale Topfhusse ø 13 cm, 16 cm hoch, Breite Topfhusse ø 18 cm, 10 cm hoch • Schnittteile 19A-B auf Seite 77

Material
Schmale Topfhusse
- 15 x 65 cm Korkstoff Dunkelbraun
- 140 cm Korkstoffband, 48 mm breit
- Nähgarn, passend zum Kork oder als Kontrastfarbe

Breite Topfhusse
- 20 x 85 cm Korkstoff Lineas
- 130 cm Korkstoffband, 48 mm breit
- Nähgarn, passend zum Kork oder als Kontrastfarbe

Zuschneiden für Schmale Topfhusse
Aus Korkstoff:
5 x Streifen à 24 x 460 mm
1 x Schnittteil 19A
Aus Korkstoffband:
6 Streifen à 24 x 460 mm (=halbiertes Band)

Zuschneiden für Breite Topfhusse
Aus Korkstoff:
3 x Streifen à 24 x 630 mm
1 x Schnittteil 19B
Aus Korkstoffband:
4 x Streifen à 24 x 630 mm (=halbiertes Band)

So wird's gemacht

Ein dunkles Band auf ein helles Band mit 6 mm Überlappung legen. Von rechts die Überlappung knappkantig absteppen. Auf diese Weise alle Bänder in abwechselnder Farbfolge, bis auf das letzte, zusammennähen.

Das letzte Band in Längsrichtung falten und um die obere Kante legen. In einem Schritt die innere und die äußere Kante feststeppen.

Die seitlichen Kanten etwa 1,5 cm überlappend aufeinander legen und senkrecht absteppen. Den Kreis rechts auf rechts an der Unterkante mit Stoffklammern fixieren. Sorgfältig mit einer Nahtzugabe von 7 mm ansteppen.

TIPP
Die Topfhussen können beliebig groß genäht werden: eine Kreisschablone ausschneiden, den Umfang abmessen, entsprechend lange Bänder zuschneiden (Nahtzugaben nicht vergessen!) und wie oben beschrieben zusammennähen.

Korky Love

TÄSCHCHEN

Größe: ca. 13 x 10,5 cm • Schnittteile 20A-C auf Bogen B

Material
- 70 x 20 cm Korkstoff Natural
- 30 x 15 cm gemusterter Baumwollstoff
- 30 x 15 cm Vlieseline H200
- Reißverschluss, 15 cm
- 1 Schlüsselring

Zuschneiden
Aus Korkstoff:
2 x Schnittteil 20A (Tasche; davon 1 x gespiegelt)
Aus Baumwollstoff:
1 x Schnittteil 20C (Anhänger)
2 x Schnittteil 20B (Innen)
Aus Vlieseline:
2 x Schnittteil 20B (Innen)

So wird's gemacht

An den Teilen 20A nach und nach die Falten einlegen (Rechteck → Dreieck) und jeweils mit Stoffklammern fixieren. Falten mit einem feuchten Tuch anfeuchten oder mit Dampf bei mittlerer Temperatureinstellung (Stufe 2) vorsichtig flach bügeln oder mit den Händen flach drücken (siehe Verarbeitung).

Gefaltete Teile jeweils auf 14 x 12 cm begradigen. Falten an den Außenkanten des Teils festheften.

Anhängerstreifen an den Längskanten verstürzen (siehe Workshop), flach bügeln und zur Schlaufe legen.

Reißverschluss rechts auf rechts an die obere Kante eines Taschenteils legen, dann ein Innenseitenteil rechts auf rechts obenauf legen. Alle 3 Lagen knapp neben den Reißverschlusszähnchen zusammennähen, am besten mit dem Reißverschlussfuß der Nähmaschine. Das zweite Taschenteil und das zweite Innenteil genauso an die zweite Reißverschlussseite nähen (siehe Workshop).

Die Lagen jeweils links auf links wenden. Stoffe vom Reißverschluss weg bügeln, dabei den Korkstoff wie zuvor beschrieben vorsichtig bügeln (siehe Verarbeitung). An jeder Seite nun das Außen- und Innenteil nochmals aufklappen und nur die Außenseite 0,75 cm breit neben dem Reißverschluss absteppen.

Reißverschluss zur Hälfte öffnen. Taschenteile aus Kork rechts auf rechts aufeinander legen und mit Stoffklammern fixieren. Aufhängerschlaufe an einer Seite im Abstand von ca. 2 cm zum Reißverschluss zwischen die Lagen schieben, dabei zeigt die Schlaufe nach innen. Offene Kanten bis knapp vor den Reißverschluss zusammennähen.

Innenteile genauso nähen, dabei am unteren Rand ca. 8 cm zum Wenden offen lassen. Nahtzugaben zurückschneiden (siehe Workshop). Täschchen durch die Wendeöffnung nach außen wenden. Wendeöffnung schließen. Innenseite in die Außenseite stecken.

HANDYHÜLLE

Größe: 7,5 x 13,5 cm • Schnittteile 21A-B auf Bogen A

Material
- 8,5 x 32 cm Korkstoff Natural
- 10 x 25 cm gemusterter Baumwollstoff
- 10 x 12,5 cm Vlieseline H200
- 1 Druckknopf

Vorbereitung

Schnittmuster für die Handyhülle an ein eigenes Handy anpassen: Breite und Höhe des Handys messen und auf jeder Seite 1 cm dazurechnen.

Unser Schnittmuster hat eine Breite von 8,5 cm. Ist das eigene Handy zum Beispiel 9 cm breit, gilt folgende Rechnung:
9 + 1 + 1 = 11 cm
11 - 8,5 cm = 2,5 cm
Somit muss das Schnittmuster insgesamt um 2,5 cm verbreitert werden, d.h. rechts und links jeweils um 1,25 cm.

Zuschneiden

Aus Korkstoff:
1 x Schnittteil 21A (Hülle)
Aus Baumwollstoff:
1 x Schnittteil 21B (Tasche) im Stoffbruch
Aus Vlieseline:
1 x Schnittteil 21B (Tasche) ohne Stoffbruch

So wird's gemacht

Vlieseline von links auf eine Hälfte von Teil 21B bügeln. Taschenteil an den Schmalkanten mit Rundungen rechts auf rechts aufeinander legen und die offenen Kanten verstürzen (siehe Workshop), dabei muss hier die Wendeöffnung nicht von Hand geschlossen werden.

Teil 21A an der Bruchkante links auf links falten. Taschenteil mit der geraden Schmalkante bündig zur Bruchkante auf Teil 21A legen und die Lagen mit Stoffklammern fixieren. Lagen an den seitlichen und unteren Rändern knappkantig zusammensteppen, dabei wird gleichzeitig die Wendeöffnung im Taschenteil geschlossen.

Druckknopf laut Markierung an Klappe und Tasche anbringen.

TIPP
Am besten eine Papierschablone anfertigen und testen, ob das Handy hineinpasst.

Von der Rolle

STIFTEROLLE

Größe: 25 x 21 cm • Schnittteile 22A-D auf Bogen B

Material
- 30 x 45 cm Korkstoff Mosaik
- 30 x 45 cm Filz
- 1 Magnetverschluss, ø 18 mm
- 1 Handmade-Label
- Cutter oder spitze Schere

Vorbereitung
Für Kosmetikprodukte oder Häkel- und Stricknadeln die Schnittteile in Höhe und Breite anpassen.

Zuschneiden
Aus Korkstoff:
1 x Schnittteil 22A (Außenteil)
Aus Filz:
1 x Schnittteil 22B (Innenteil)
1 x Schnittteil 22C (Verschlussband)
1 x Schnittteil 22D (Spitze)

So wird's gemacht

Ein Magnetteil des Verschlusses auf dem Schnittteil Spitze (22D) anbringen. Dafür das Metallplättchen mittig positionieren und mit einem Cutter oder einer spitzen Schere in die vorgegebenen Schlitze zwei Löcher im rechten Winkel zur langen Kante schneiden. Die Stege des Verschlusses hindurch stecken, Metallplättchen darüber setzen und umbiegen. Die Spitze (22D) auf die dreieckige Spitze des Verschlussbandes (Teil 22D) legen und mit Clips fixieren. Die Spitze rechts und links des Verschlusses absteppen.

Die Oberkante des Korkteils 5 mm nach innen klappen und absteppen. Das Verschlussband wie auf dem Schnittmuster markiert auf dem Korkstoff positionieren. Punktuell an drei Stellen absteppen (siehe Schnittmuster). Später wird in der Lücke das zweite Teil des Verschlusses angebracht. Markierungen für die Taschen übertragen und eventuell die „Markierungen Stifte" vergrößern oder verkleinern.

Um das Stiftesegmet abzusteppen, den Korkstoff auf das Innenteil aus Filz seitenbündig und an der Unterkante an der gestrichelten Linie positionieren und mit Clips fixieren. Entlang der aufgezeichneten Linien absteppen, dabei nur Stiftsegment und Filz mitfassen. Die Nähte wie eingezeichnet etwa 2 cm oberhalb der Filzkante enden lassen und gut sichern (siehe Verarbeitung).

Den Filz nach dem Absteppen des Stiftesegmets links auf links auf den Korkstoff legen und exakt positionieren. Die Kanten an der gestrichelten Linie nach innen falten und fixieren. Darauf achten, dass die Ecken genau zusammenstoßen. Sorgsam die Kante 5 mm breit absteppen. Auf Höhe des Verschlusses darauf achten, dass er nach hinten geklappt ist und nicht mit angenäht wird.

Für das Positionieren des zweiten Verschlussteils die Rolle füllen und zusammenrollen. Mithilfe des ersten Verschlusses die exakte Position des Gegenstücks finden. Das zweite Teil wie das erste Teil anbringen.

Von Hand das Handmade-Label wie abgebildet aufnähen.

Take it easy!

EINKAUFSTASCHE

Größe: 43 x 49 cm • Schnittteile 23A-D auf Bogen D

Material
- 34 x 100 cm Korkstoff Temporal
- 40 x 50 cm Korkstoff Dunkelbraun
- 55 x 125 cm Baumwollstoff mit Punkten
- 30 x 25 cm Kontraststoff Rot gemustert
- 45 x 45 cm Vlieseline H200
- 200 cm Baumwoll-Gurtband, 40 mm breit, in Rot
- Nähgarn, passend zum Kork in Kontrastfarbe

Zuschneiden
Aus Korkstoff Temporal:
2 x Schnittteil 23A (Seite oben)
Aus Korkstoff Dunkelbraun:
2 x Schnittteil 23B (Seite unten)
Aus Baumwollstoff:
2 x Schnittteil 23A + 23B (Seite oben und Seite unten) an Markierung aneinandergefügt (= 1 Schnittteil)
1 x Schnittteil 23C (Große Außentasche) im Stoffbruch
Aus Kontraststoff:
1 x Schnittteil 23D (Kleine Außentasche) im Stoffbruch
Aus Vlieseline H200:
1 x Schnittteil 23C (Große Außentasche) nicht im Stoffbruch
1 x Schnittteil 23D (Kleine Außentasche) nicht im Stoffbruch

Vorbereitung
Die Vlieseline auf die linke Seite der entsprechenden Stoffstücke aufbügeln.

So wird's gemacht

Teil 23C und Teil 23D jeweils an der Bruchkante falten und absteppen. Auf ein Teil 23A laut Markierung positionieren. Die große Außentasche (Teil 23C) liegt direkt auf dem Korkstoff, die kleine Außentasche (Teil 23D) darüber. An den rechten und linken Kanten aufsteppen.

Das Gurtband in zwei 100 cm lange Stücke teilen. Je ein Gurtband pro Korkstoffseite 23A positionieren. Das Gurtband beginnt bündig an der Korkunterkante und verläuft über die Kanten der Außentaschen. Oben einen Bogen legen und wieder zur Unterkante führen.

TIPP
Wer auch Taschen an der Innenseite möchte, kann diesen Schritt bei Teil 23A + 23B aus Stoff wiederholen. Dafür Schnittteile 23C und 23D aus Stoff zuschneiden, die Teile verstürzen (siehe Workshop) und gemäß der Markierungen bei Schnittteil 23A aufsteppen.

Knappkantig absteppen, dabei 3 cm unterhalb der oberen Kante enden. Hier über die kurze Seite quer steppen und wieder nach unten nähen. Zur Verstärkung die obere Quernaht zusätzlich im Quadrat absteppen (siehe Workshop).

Je ein Teil 23A und 23B aus Korkstoff rechts auf rechts aufeinander legen und an der unteren Kante zusammennähen, dabei werden die Träger und die Außentaschen unten festgenäht. Die Nahtzugabe in Teil 23B legen und von rechts knappkantig absteppen.

Die zwei Außenseiten (Teile 23A/23B) rechts auf rechts legen, dabei liegen die Tragegurte innen. Alle Kanten exakt aufeinanderlegen und mit Klammern fixieren. Die langen Außenkanten und die Unterkante (ohne die ausgeschnittenen Ecken) absteppen.

Diesen Schritt bei den Innenteilen aus Baumwolle wiederholen, dabei an einer Seite eine etwa 15 cm lange Wendeöffnung lassen.

Für den Taschenboden die offenen Ecken von Außen- und Innentaschen jeweils schließen, dafür die Seitennaht und die untere Kante aufeinanderlegen. Steppen, dabei darauf achten, dass die Nähte exakt aufeinandertreffen. Nahtzugaben nach rechts und links legen und die entstandene Kante nur bei der Innentasche absteppen.

Die Innentasche auf links gedreht lassen, die Außentasche aus Kork auf rechts wenden. Die Außentaschen in die Innentasche schieben. Die oberen Kanten exakt rechts auf rechts aufeinanderlegen, dabei treffen die Seitennähte aufeinander. Fixieren und zusammennähen.

Die Außenseite durch die Wendeöffnung ziehen. Sorgsam alle Ecken und Kanten ausformen und die Innentasche in die Außentasche stecken. Die Wendeöffnung schließen.

Von rechts die Oberkante knappkantig absteppen.

TIPP
Wenn der Futterstoff vor dem Steppen an der Oberkante nach außen gezogen wird, entsteht ein schöner Farbakzent (siehe Foto).

Runde Sache

TÄSCHCHEN FÜR KOPFHÖRER

Größe: ø 10,5 cm • Schnittteile 24A-C auf Seite 76

Material
- 30 x 15 cm Korkstoff Granulat Hell-Bunt
- 30 x 15 cm Kunstleder in Türkis
- Reißverschluss, 14 cm, in Türkis
- Nähgarn in Türkis

Zuschneiden

Aus Korkstoff:
1 x Schnittteil 24A (Unterseite)
2 x Schnittteil 24B (Halbkreis)

Aus Kunstleder:
1 x Schnittteil 24A (Unterseite)
2 x Schnittteil 24B (Halbkreis)
1 x Schnittteil 24C (Aufhänger)

So wird's gemacht

Teil 24C an den Längskanten übereinanderlegen und mittig absteppen. An den Schmalseiten zur Schlaufe legen.

Reißverschluss rechts auf rechts an die obere Kante eines Halbkreises (Teil 24B) aus Korkstoff legen, einen Halbkreis aus Kunstleder rechts auf rechts obenauf legen. Lagen knapp neben den Reißverschlusszähnchen mithilfe eines Reißverschlussfußes zusammennähen (siehe Workshop).

Den 2. Halbkreis ebenso nähen.

Die Lagen jeweils links auf links wenden. Stoffe neben dem Reißverschluss mit dem Daumen wegschieben, flachdrücken und knappkantig absteppen. Reißverschluss zur Hälfte öffnen.

Unterseite aus Kunstleder rechts auf rechts auf den Kreis mit Reißverschluss legen und mit Stoffklammern fixieren. Aufhängerschlaufe an einer Seite zwischen Ober- und Unterseite schieben, dabei zeigt die Schlaufe nach innen. Die Korkunterseite links auf links auf das Kunstleder legen und mit Stoffklammern fixieren. Die offenen Kanten ringsherum zusammennähen.

Durch den geöffneten Reißverschluss auf rechts wenden.

> **TIPP**
> Wenn das Schnittmuster vergrößert wird, lässt sich eine hübsche Handtasche daraus nähen.

Drunter und Drüber

GEFLOCHTENES KÖRBCHEN
Größe: ø 11,5 cm

Material
- 4 m Korkband flach, 5 mm breit, in Haselnuss
- 4 m Korkband flach, 5 mm breit, in Natur
- Holzleim
- Klebeband

Zuschneiden
je 10 Bänder à 25 cm in Haselnuss und Natur
je 1 Band à 150 cm in Haselnuss und Natur

So wird's gemacht

Die 10 Bänder in Haselnuss mit einem Abstand von ca. 6 mm nebeneinander auf den Tisch legen. Die oberen Enden mit Klebeband auf dem Tisch fixieren, damit sie nicht verrutschen.

In der Mitte beginnend die hellen Bänder einweben bis sich ein Quadrat ergibt. Die Bänder mit gleichem Abstand zueinander zurechtrücken.

Die ungewebten Enden nach oben klappen. Mit einem langen naturfarbenen Band eine Runde weben. Das erste Ende mit einer Stoffklammer fixieren.

Wieder am Anfang angekommen, die zwei Enden um 1 cm überlappen und das Band abschneiden. Die zwei Enden mit Holzleim bestreichen und mit Hilfe der Klammer fixieren.

Die zweite Runde mit einem langen Band in Haselnuss weben.

Weiter die dritte Runde in Natur und die vierte Runde in Haselnuss weben. Eventuell Klammern an den Ecken verwenden, damit die Bänder nicht verrutschen.

Die Enden verkleben und trocknen lassen. Die überstehenden Enden in das Webmuster einweben und so eine klare Kante schaffen.

TIPP
Zur Resteverwertung: Aus Korkstoffresten 10 mm breite Streifen zuschneiden, diese mittig falten und absteppen. Aus den erstellten Bändern einen Korb weben.

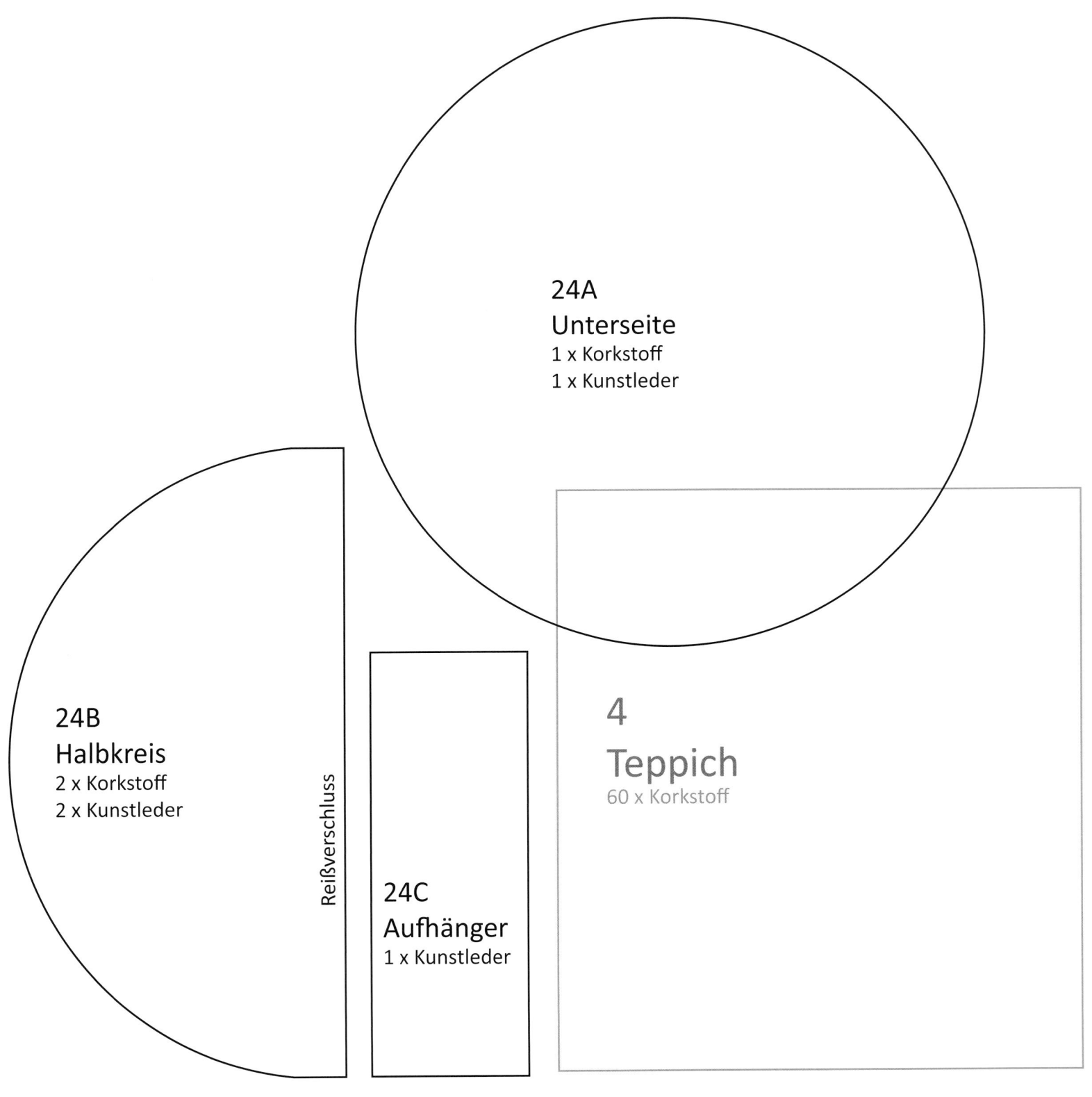

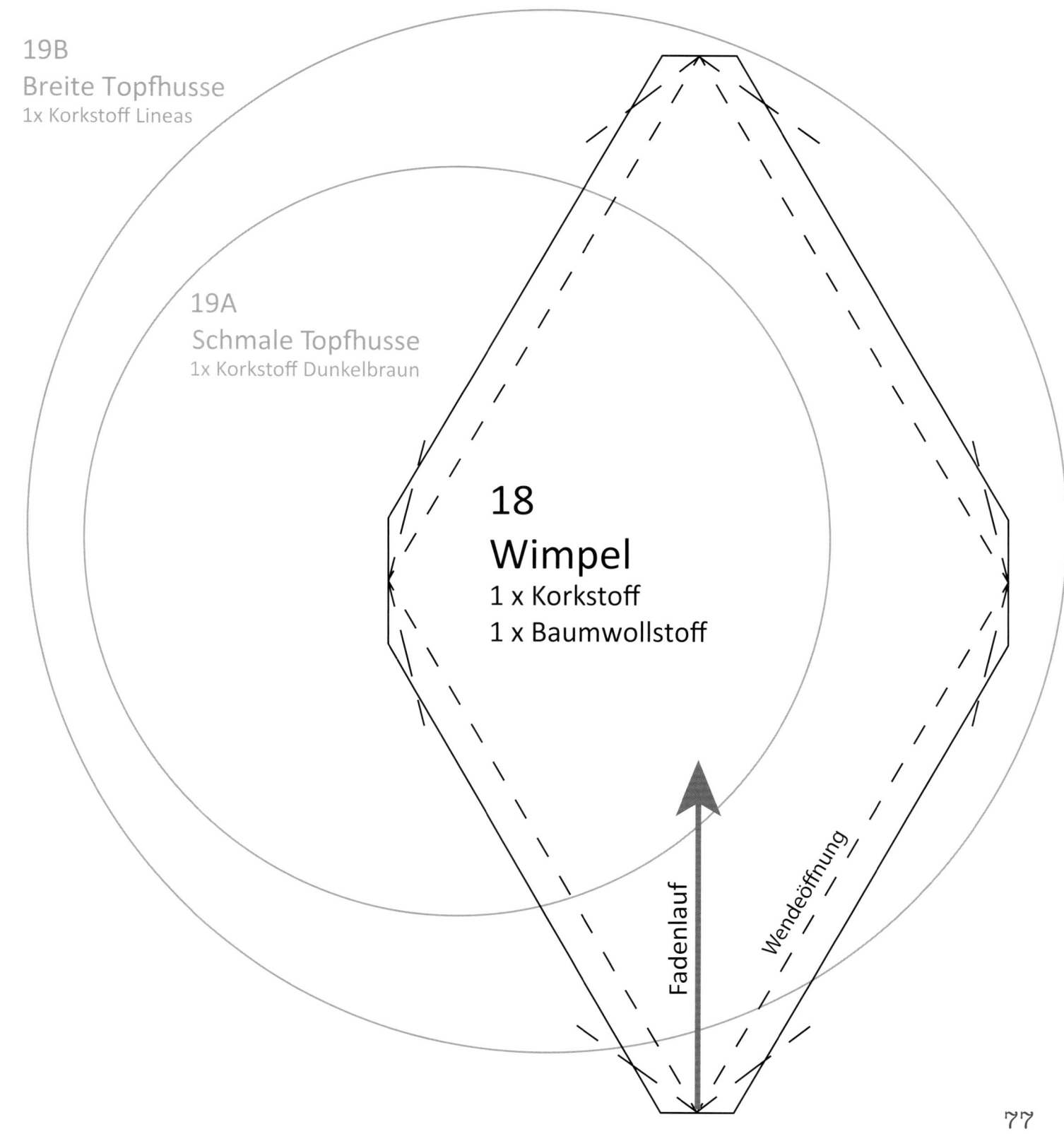

IMPRESSUM

Entwurf und Realisation: Anita Scheiner
Technik- und Materialfotos: Anita Scheiner
Fotos: Uli Glasemann
Styling: Elke Reith
Redaktion: Angelika Klein, Judith Wiedemann
Lektorat: Yvonne Reuter
Gesamtgestaltung und Satz: GrafikwerkFreiburg
Reproduktion: RTK & SRS mediagroup GmbH
Druck und Verarbeitung: Polygraf Print, Slowakei

© 2016 Christophorus Verlag GmbH & Co. KG, Rheinfelden
Alle Rechte vorbehalten.

ISBN 978-3-8410-6423-3
Art.-Nr. 6423

Sämtliche Modelle, Illustrationen und Fotos sind urheberrechtlich geschützt. Jede gewerbliche Nutzung ist untersagt. Dies gilt auch für eine Vervielfältigung bzw. Verbreitung über elektronische Medien. Autorin und Verlag haben die größtmögliche Sorgfalt walten lassen, um sicherzustellen, dass alle Angaben und Anleitungen korrekt sind, können jedoch im Falle unrichtiger Angaben keinerlei Haftung für eventuelle Folgen, direkte oder indirekte, übernehmen.
Die gezeigten Materialien sind zeitlich unverbindlich. Der Verlag übernimmt für Verfügbarkeit und Lieferbarkeit keine Gewähr und keine Haftung. Farbe und Helligkeit der in diesem Buch gezeigten Garne, Materialien und Modelle können von den jeweiligen Originalen abweichen. Die bildliche Darstellung ist unverbindlich. Der Verlag übernimmt keine Gewähr und keine Haftung.

HERSTELLER

Alles für Selbermacher, Hamburg
www.alles-fuer-selbermacher.de

buttinette Textil-Versandhaus GmbH, Wertingen
www.buttinette.com

Halbach Seidenbänder GmbH, Remscheid
www.halbach-seidenbaender.com

Landwirtschaftsverlag GmbH, Münster
www.korkshop.de

Modulor GmbH, Berlin
www.modulor.de

Prym Consumer Europe GmbH, Stolberg
www.prym-consumer.com

Rayher Hobby GmbH, Laupheim
www.rayher-hobby.de

Snaply GmbH, Au in der Hallertau
www.snaply.de

Freudenberg Interlining SE & Co. KG, Weinheim
www.vlieseline.com

Stoff & Stil Deutschland GmbH, Halstenbek
www.stoffundstil.de

Westfalenstoffe AG, Münster
www.westfalenstoffe.de

Kreativ-Service

Sie haben Fragen zu den Büchern und Materialien? Frau Erika Noll ist für Sie da und berät Sie rund um alle Kreativthemen. Rufen Sie an! Wir interessieren uns auch für Ihre eigenen Ideen und Anregungen. Sie erreichen Frau Noll per E-Mail: mail@kreativ-service.info oder Tel.: +49 (0) 5052 / 91 18 58

Besuchen Sie uns im Internet: www.christophorus-verlag.de